San Tito Brandsma y los sacerdotes mártires de Dachau

100X**UNO**

Colección
Mártires del siglo XX
nº 11

Dirigida por Juan A. Martínez Camino

Fernando Millán Romeral

San Tito Brandsma
y los sacerdotes
mártires de Dachau

100XUNO, nº 139

Esta obra ha sido publicada con la colaboración del Instituto de Estudios Históricos de la Universidad CEU San Pablo

Fotocomposición: Encuentro-Madrid
Impresión: Cofás-Madrid
ISBN: 978-84-1339-211-0
Depósito Legal: M-22875-2024
Printed in Spain

Para cualquier información sobre las obras publicadas o en programa y para propuestas de nuevas publicaciones, dirigirse a:
Redacción de Ediciones Encuentro
Conde de Aranda, 20 - 28001 Madrid - Tel. 915322607
www.edicionesencuentro.com

ÍNDICE

INTRODUCCIÓN

El campo de concentración de Dachau, pocos kilómetros al sur de Múnich, es, por muy diversos motivos, uno de los símbolos de la barbarie nazi, de la deshumanización que esconden ciertas ideologías y del horror al que pueden llegar cuando se divinizan realidades como el Estado, la raza, el pueblo o el partido. Dachau forma parte de esa lista de nombres macabros que nos recuerdan no solo el sufrimiento y la muerte de miles de seres humanos, sino también que lo que pasó una vez puede volver a pasar[1]. Pero, además, Dachau tiene un significado muy especial para los creyentes, ya que por allí pasaron cientos de sacerdotes y religiosos, más de 2700 (entre los que se encontraban dos obispos: el polaco monseñor Kozal y

---

[1]   Sobre el *Lager* de Dachau la bibliografía es inabarcable: véase (con abundante bibliografía): P. Berben, *Dachau, historia oficial del campo: 1933-1945* (Madrid 1977); así como el arsenal de datos recogido en los *Dachauer Hefte* (Cuadernos de Dachau) que fueron publicados de 1985 a 2009 y algunos de los cuales traducidos a otras lenguas. Ofreceremos, sin ningún deseo de exhaustividad, algunas referencias que puedan ayudar al lector interesado en profundizar en este tema.

el francés monseñor Piguet), aunque las cifras son poco fiables y pudieran ser más. Se llegó a dar incluso una ordenación sacerdotal dentro del campo, la del diácono alemán Carlos Leisner, gravemente enfermo, que fallecería poco después de la guerra y que fue beatificado por Juan Pablo II en una de sus visitas a Alemania. Todo ello ha provocado una amplísima bibliografía que podríamos calificar genéricamente de «tipo religioso» sobre Dachau.

Creemos no exagerar, ni idealizar lo vivido allí, ni banalizar el sufrimiento de miles de personas si afirmamos que Dachau es un verdadero santuario, un lugar en el que el martirio, en el sentido más pleno de la palabra, estuvo muy presente. Alguien lo ha definido como *una parroquia incardinada en las mismísimas puertas del cielo, precisamente por estarlo también en las del infierno*[2]. Con ello, no separamos a los sacerdotes y religiosos que dejaron su vida en Dachau de los millones de personas que murieron a causa del perverso sistema concentracionario, especialmente judíos, pero también gitanos, testigos de Jehová, presos políticos, homosexuales, presos comunes... El mártir no es un héroe, ni un suicida, ni un fanático que busca dar la vida por una causa, por muy noble que esta pueda ser. El

---

[2]   J. Orellana, Prólogo a la edición española, en: J. Bernard, *Un sacerdote en Dachau. Memorias en primera persona (1941-1942)* (Madrid 2010) 19. Esta imagen del cielo y el infierno que se tocan en Dachau estuvo presente en varios testimonios. El pastor protestante Overduin escribió *Hel en Hemel van Dachau* en 1945 y el sacerdote Jan Reinier Rothkrans tituló en 1957 su obra sobre su propia experiencia: *Dachau Hel en Hemel.*

mártir se incorpora al martirio de Cristo y en él incorpora también a toda la humanidad sufriente necesitada de redención y salvación.

Algo de esto, sin mayores pretensiones, hemos intentado mostrar en este libro sobre «los sacerdotes mártires de Dachau», algunos reconocidos oficialmente por la Iglesia al más alto nivel, otros en proceso de beatificación y otros cuyos nombres quizás se perderán para siempre y para todos, excepto para el corazón de Dios, desde donde interceden por todos nosotros.

Permítaseme hacer tres observaciones a modo de premisas, antes de pasar a nuestra historia. En primer lugar, quiero señalar que utilizo a veces la expresión bastante común de «literatura concentracionaria». Es una expresión que crea cierta controversia, ya que parece convertir los testimonios de los prisioneros de los *Lager* en una especie de género literario como puedan ser la novela policiaca o los *westerns*. Hablamos de «literatura concentracionaria» como el conjunto de obras y autores muy diversos (algunos de ellos ya clásicos como Primo Levi, Elie Wiesel, Etty Hillesum, Viktor Frankl o Jean Améry) que recogen y testimonian lo vivido en aquel ámbito terrible. No hablamos de novelas, sino de vidas, de sufrimiento, de personas... y este dato es importante tenerlo en cuenta cuando usamos la expresión «literatura concentracionaria»[3].

---

[3] Una cierta inflación de novelas, a veces de tipo comercial, ambientadas en este ámbito, ha podido producir una posible banalización del tema de los *Lager*. En el mismo sentido, algunos

Una segunda observación hace referencia también a la terminología. Como es bien sabido, la misma palabra «holocausto» es problemática y controvertida, ya que, aunque el término es anterior y en principio fue usado principalmente por autores judíos para referirse a la muerte en masa de judíos en el marco de la II Guerra Mundial, «holocausto» parece dar un sentido expiatorio (como los sacrificios del Primer Testamento) a la muerte de millones de judíos. Por ello, se prefiere generalmente el término *Shoah* (catástrofe, desastre, hecatombe) o el término *Hurban* (tragedia, desgracia). Solamente señalamos que usamos los términos de forma convencional y sin entrar ahora en esta controversia.

Por último, quisiera destacar que hemos puesto como ejemplo (incluso en el título) de los mártires de Dachau al P. Tito Brandsma, carmelita holandés, nacido en Bolsward (Frisia) en 1881 y muerto en Dachau en julio de 1942. Sacerdote, periodista, profesor de la Universidad de Nimega de la que llegó a ser rector en 1932, traductor, esperantista, pionero del ecumenismo y un largo etcétera de actividades fue realmente un hombre polifacético y muy popular en los Países Bajos en el período de entreguerras. Lo hemos hecho por dos motivos: en primer lugar, por ser el más conocido para el que esto escribe y, en segundo lugar, porque

---

autores han denunciado la *turistización* de Auschwitz. Recuérdese la agria polémica mantenida a raíz de un comentario (creo que mal entendido) del escritor Arturo Pérez Reverte en este sentido, en la que llegó a intervenir el Memorial de Auschwitz.

Brandsma ha sido canonizado recientemente por el papa Francisco (el 15 de mayo de 2022), por lo que su figura ha adquirido un cierto relieve en ambientes eclesiales. Su vida nos servirá de hilo narrativo para descubrir el martirio de cientos de religiosos que fueron asesinados en este campo. Al él nos encomendamos en este período de la historia para que su testimonio martirial sea semilla de paz y de reconciliación.

Sancte Tite Brandsma, ora pro nobis...

San Tito Brandsma, como rector de Nimega

I. DACHAU, PRIMER *LAGER* DEL NACIONALSOCIALISMO

El campo de concentración de Dachau fue el primer campo creado por el nacionalsocialismo, concretamente el 22 de marzo de 1933, esto es, pocas semanas después de que Hitler accediera al poder, puesto que este fue nombrado canciller por el presidente Hindenburg el 30 de enero de dicho año. En principio, el campo (construido aprovechando las instalaciones de una fábrica de munición abandonada) fue pensado para presos políticos, cuyo número iría creciendo exponencialmente a medida que el NSDAP (*Nationalsozialistische Deutsche Arbeiterpartei*) fue controlando todos los resortes de poder del Estado alemán. El pueblo de Dachau estaba cerca de Múnich (a unos veinte kilómetros al noroeste de la ciudad).

Aunque su nombre aparecerá ya para siempre ligado al del campo de concentración, Dachau fue famoso porque a lo largo del siglo XIX había surgido allí un célebre grupo de paisajistas conocidos como la «escuela de Dachau». De hecho, más que de una escuela con un estilo común, se trataba más bien de una especie de colonia a la que acudían pintores de diversas partes de Alemania en busca de los deliciosos paisajes de las laderas pantanosas de aquella comarca (el *Dachauer Moos*) y de las tradiciones populares de los campesinos. Pintores de cierto renombre (Franz Marc, Felix Bürgers, Ludwig Dill, Adolf Hölzel, etc.) y de un estilo cercano al impresionismo al principio, aunque luego se fueron abriendo a las vanguardias en boga, conformaron aquella pléyade de artistas relacionados con Dachau.

Pero volviendo a 1933, hay que destacar que aquellos eran, sin duda, meses convulsos, frenéticos. El 27 de febrero fue incendiado el *Reichstag*. La autoría del hecho sigue siendo incierta. Un sindicalista holandés fue acusado y, tras ser torturado, confesó haberlo hecho. Pero todo parece apuntar a que el incendio fue causado por los mismos nazis que lo utilizaron para justificar leyes muy restrictivas de las libertades individuales y colectivas declarando el estado de emergencia. El 5 de marzo, en ese ambiente de tensión, tuvieron lugar las elecciones generales y, aunque Hitler se quedó lejos de la mayoría absoluta, tras una serie de alianzas, consiguió afianzar su poder. Pocos días después, el 24 de marzo, Hitler logró que se aprobara la llamada *Ley Habilitante* (*Ermächtigungsgesetz*), que en la práctica terminaba con el sistema parlamentario.

El 27 de abril Heidegger era nombrado rector de la universidad de Friburgo de Brisgovia. Cuatro días más tarde ingresaba en el partido nacionalsocialista. En su discurso inaugural como rector hizo una encendida defensa del *dasein* alemán y de la universidad al servicio de la patria.

El 10 de mayo, tuvo lugar la tristemente célebre quema de libros degenerados, organizada por las *Studentenverbindungen* (unas corporaciones estudiantiles afines al nacionalsocialismo), las SS y las SA. Miles de libros fueron quemados en lo que se convertiría en una macabra profecía de lo que estaba por llegar. Fue la primera (junto a la «noche de los cuchillos largos» y «la noche de los cristales rotos») de las tres «noches» que marcarían el tenebroso futuro de Alemania y el de toda Europa.

Es en ese contexto en el que surge el campo de Dachau. Teniendo en cuenta que el campo sería liberado el 29 de abril de 1945 (¡un día antes del suicidio de Hitler!), podemos afirmar que Dachau acompañó toda la historia del III Reich, desde los primeros momentos hasta el final.

Antes de seguir adelante, conviene señalar que, aunque nos referimos a todos ellos bajo la categoría genérica de «campos de concentración», hay toda una tipología de los campos. Sin especificar demasiado, podríamos hablar de tres categorías fundamentales, a saber: los campos de trabajo o de concentración (como Dachau), los campos de tránsito o *Durchgangslager* (como Westerbork), y los campos de exterminio (como Auschwitz). Ciertamente las fronteras entre una y otra categoría son bastante imprecisas, ya que en muchas ocasiones un campo de tránsito se convertía en la práctica en campo de trabajo con una alta tasa de mortalidad o un campo de trabajo incluía las cámaras de gas propias de los campos de exterminio. En cualquier caso, Dachau es considerado un campo de trabajo, un *Arbeitslager* o *Zwangsarbeitslager*, más aún, fue el prototipo y el modelo de estos campos.

A todo ello habría que añadir la enorme red de campos satélites que se fueron creando según las necesidades del *Reich*, la mayoría en los alrededores de Dachau, pero algunos de ellos más lejanos, lo que provocó que muchos prisioneros murieran en las largas caminatas, en condiciones terribles, desde el campo matriz a los campos satélites. Los más importantes fueron Kaufering (más que un campo un complejo de once campos numerados, en uno de los cuales estuvo prisionero el célebre psicólogo Viktor Frankl), Füssen-Plansee, Mühlheim an der Donau, Ottobrunn, Karlsfeld, etc.

Desde su creación en marzo de 1933, hasta la liberación en abril de 1945, el campo fue creciendo considerablemente, así como las diversas procedencias de los grupos de prisioneros: sindicalistas, comunistas, testigos de Jehová, homosexuales, romaníes, objetores de conciencia, etc., grupos a los que se añadirían desde diciembre de 1940 los clérigos, fundamentalmente católicos. En ese proceso de crecimiento fue especialmente importante el año 1937, cuando los mismos prisioneros se vieron obligados a trabajar en nuevas estancias para los presos, así como en la creación de un cuartel para las SS. En 1938, tras la «noche de los cristales rotos» y el aumento de la presión sobre la población judía, llegaron a Dachau varios miles de judíos, si bien generalmente de paso. Lógicamente —por lo señalado más arriba—, lo que buscaban los nazis no era la reeducación ni el trabajo de los judíos, sino su exterminio, por lo que eran generalmente derivados (sobre todo a partir de la conferencia de Wansee en la que se decidió la «solución final del problema judío») a otros campos más «equipados» para ello.

Con el inicio de la guerra fueron frecuentes las deportaciones de numerosos grupos de prisioneros a Dachau, a veces solamente de paso para otros campos y a veces para ser recluidos en este *Lager*. El número creció de manera desproporcionada y los barracones estaban saturados y en condiciones higiénicas deplorables, lo que acabó provocando varias epidemias. De hecho, cuando el campo fue liberado, el panorama era dantesco, ya que los cadáveres se amontonaban entre los barracones y la mortandad era elevadísima.

Una cuestión interesante (y terrible) es la de si en Dachau funcionaron o no las cámaras de gas. Por ejemplo, Albert Urbański en el que probablemente fue el primer libro sobre el clero en Dachau, cree que las cámaras de gas fueron utilizadas, pero, sobre todo, para la experimentación con los prisioneros y, por tanto, no con la utilidad que tenían en los campos de exterminio como Auschwitz-Birkenau (la muerte en masa del mayor número de personas en el menor tiempo posible). No obstante (siempre según Urbański), en las cámaras debió morir un número considerable de prisioneros[4]. Sin embargo, muchos estudiosos dudan o niegan abiertamente que dicha cámara, que se encuentra junto a los crematorios, fuese utilizada como tal, algo muy frecuente en otros campos[5]. Otros defienden que sí fue utilizada, aunque quizás en menor proporción a las de otros campos creados expresamente para el exterminio[6].

J. Rovan atribuye el que la *Gaskammer* no fuera utilizada al hecho de que Dachau era considerado campo modelo (*campo escaparate*) para mostrar a las autoridades internacionales y, además, cree que en este tema el historiador debe ser muy riguroso para no dar argumentos a los negacionismos y revisionismos posteriores[7]. J. Neuhäusler también indica que la cámara nunca fue usada en Dachau y añade que en los dramáticos días finales se llegó a plantear el usar la cámara para desinfectar los harapos y las ropas de los prisioneros infectados de tifus, pero no se llegó a

---

[4]   El carmelita polaco informa además de que en la construcción de la cámara de gas (*la barraca X*, como se la denominaba en el *Lager*) fueron empleados bastantes sacerdotes polacos, lo que muestra el ensañamiento que hubo con este grupo de prisioneros. Cf., A. Urbański - R. Tijhuis, *Diarios de Dachau* (Madrid 2022) 140-147.

[5]   Por ejemplo: S. Zámečník, *That was Dachau 1933-1945* (Dachau 2003), 284-291, 352-353. Puede ser interesante al respecto; J. Kammerer, *La baraque des prêtes à Dachau*, 115-118.

[6]   El autor que quizás más lo defiende es: Nerin E. Gun, en su obra *Dachau* (Barcelona 1973) en la que habla desde su propia experiencia como prisionero en el *Lager*.

[7]   J. Rovan, *Cuentos de Dachau* (Madrid 2008) 85-87.

hacer[8]. Nico Rost, quizás influenciado por su militancia comunista, atribuye el que la cámara de gas de Dachau no fuera utilizada (lo que da por aceptado) *al heroico y continuo sabotaje de los presos destinados a su construcción*[9].

Dos prestigiosas publicaciones sobre el holocausto coinciden en que la cámara de gas no fue utilizada. Así, la *Enciclopedia del holocausto* publicada por el *United States Holocaust Memorial Museum* señala lo siguiente:

> *No existen pruebas creíbles de que la cámara de gas de la barraca X se haya utilizado para asesinar a seres humanos. Más bien, a los prisioneros los sometían a un proceso de «selección». Los que se determinaba que estaban demasiado enfermos o débiles para seguir trabajando eran enviados al centro de exterminio por «eutanasia» de Hartheim, cerca de Linz, en Austria*[10].

Y la no menos célebre *Enciclopedia del Holocausto*, publicada por *Yad Vashem* afirma de forma taxativa: *En Dachau se construyó una cámara de gas que no llegó a ser utilizada*[11].

Dachau fue liberado el 29 de abril de 1942. Un día antes, el 28 de abril, Benito Mussolini había sido ejecutado y su cuerpo ultrajado y expuesto en la Piazza di Loreto de

---

[8]   J. Neuhäusler, *What was like in the Concentration Camp of Dachau* (Munich19, s.f.e.) 15-16.

[9]   N. Rost, *Goethe en Dachau* (s.l.e. 2018) 343-344.

[10]   https://encyclopedia.ushmm.org/content/es/article/dachau [última consulta: 14-8-2024].

[11]   https://www.yadvashem.org/es/holocaust/encyclopedia/dachau.html [última consulta: 14-8-2024].

Milán junto al de su amante, Claretta Petacci, y al de otros líderes fascistas. Y solo un día después, el 30 de abril, se suicidaba Adolf Hitler en el búnker de Berlín y su cuerpo era quemado. Sin duda, fueron días frenéticos, vertiginosos que marcaron el final, no solo de un régimen, sino tal vez de una era.

En cuanto al número de prisioneros que pasaron por Dachau a lo largo de los doce años de su existencia —y teniendo en cuenta la dificultad de las cifras de la que hablábamos más arriba—, se calcula que entre 1933 y 1945 el campo acogió a más de 200.000 prisioneros, de los que más de 40.000 dejarían allí sus vidas. En cuanto los clérigos y religiosos, la cifra gira en torno a los 2.700, de los que habrían fallecido más de mil, sobre todo polacos.

II. IGLESIA Y NACIONALSOCIALISMO: DOS COSMOVISIONES ENFRENTADAS

Desde los primeros tiempos del nacionalsocialismo, y pese a que algunos clérigos pudieron simpatizar con el nazismo incipiente por su oposición al comunismo y —en el caso alemán— por el fuerte resentimiento y la humillación que pervivía desde los tratados de Versalles, hubo entre el clero y entre los cristianos en general numerosos casos de rechazo al pensamiento nacionalsocialista[12]. El mismo san Tito Brandsma se suma en 1935 (poco después de las tristemente célebres «leyes de Núremberg») a un grupo de intelectuales neerlandeses que escriben un librito acerca del trato dado a los judíos en Alemania. En su colaboración, el carmelita destacaba la falacia que suponía el considerar a los judíos como una raza inferior y, al mismo tiempo, el considerarlos muy peligrosos para la sociedad y el progreso. El profesor Brandsma terminaba su breve escrito de

---

[12] Dos buenas síntesis de este enfrentamiento pueden verse en: J. M. García Pelergrín, *Cristianos contra Hitler* (Madrid 2011); S. Mata, *Mártires cristianos bajo el nazismo* (Madrid 2022).

forma contundente: *Lo que hoy se hace contra los judíos es un acto de cobardía*[13].

Es bien sabido que Brandsma en sus cursos de filosofía en la Universidad Católica de Nimega dedicó siempre algunas sesiones al análisis filosófico del pensamiento nacionalsocialista, buscando sus raíces últimas en Nietzsche y en una lectura muy parcial de Hegel. Brandsma (como hiciera Pío XI en la *Mit brennender Sorge*) consideraba al nacionalsocialismo como un *neopaganismo* que deseaba volver a tiempos precristianos. Por ello, cuando el P. Tito predica en las festividades de san Bonifacio y san Vilibrordo (evangelizadores de la Frisia, su región natal) subraya que estos propugnaban la primacía del amor frente a la mitificación de la raza germánica que representaba el rey Radboud. Con un tono sereno, pero firme, las palabras del carmelita frisón no dejaban lugar a dudas:

> *Vivimos en un mundo que condena el amor y lo considera una debilidad que se debe eliminar y superar. «No el amor, sino el desarrollo de nuestras propias fuerzas». «Que cada uno sea lo más fuerte posible y que los débiles perezcan». El cristianismo y su predicación del amor habrían cumplido ya su tiempo y deben sustituirse por el antiguo vigor germánico. Oh sí, vienen a vosotros con esta doctrina, y no faltan ingenuos que la aceptan. El amor no es valorado. «Amor non amatur», decía ya en su tiempo san Francisco de Asís y, algunos siglos después, en Florencia, santa María Magdalena de Pazzi tocaba en éxtasis la campana del monasterio de las*

---

[13]   Tito Brandsma, *Escritos ante el nacionalsocialismo* [F. Millán Romeral, ed.] (Madrid 2023) 85-94.

carmelitas para anunciar a todo el mundo cuán bello es el amor. (…). Por más que el neopaganismo repudie el amor, nosotros, como nos enseña la historia, venceremos a este nuevo paganismo con el amor, sin renunciar nunca a él. El amor nos hará ganar de nuevo los corazones de los paganos (…). La naturaleza supera al saber. Dejemos que la teoría descarte y condene al amor, que lo considere como una debilidad… Ya la vida misma hará que su fuerza se vea, capaz de vencer los corazones y mantener unidos a los hombres[14].

Su prédica no pasó desapercibida y en ciertos medios filonazis se acusó al carmelita de cuestionar los valores germánicos. Así, por ejemplo, el periódico *De Knuppel* (que ya se había ocupado de Brandsma con anterioridad) publicó un artículo titulado de forma muy expresiva: *¿El Rey Radboud o el profesor Brandsma?* en el que mostraba su desagrado por la exaltación de aquellos dos monjes sajones, frente a la figura del Rey Radboud (que se había opuesto a la cristianización), símbolo del germanismo, de la raza… de todo aquello que con el cristianismo habría sido degenerado. Era el enfrentamiento, ya abierto y sin disimulos, entre la exaltación de la raza germánica, personalizada en este rey medieval de los antiguos frisones, y el cristianismo, presentado como fenómeno extranjero (exportado por los monjes irlandeses e ingleses) y como elemento causante de la degeneración de los valores ancestrales.

En el mismo sentido, en una carta que el profesor Brandsma envía al Decano de la Facultad de Teología de

---

14 Tito Brandsma, *Escritos ante el nacionalsocialismo* [F. Millán Romeral, ed.] (Madrid 2023) 170-172.

la Universidad Católica de Nimega (por aquel entonces, el profesor Bellon), el carmelita muestra su preocupación por lo que él considera el máximo peligro para el catolicismo holandés: las teorías que culminan en el nacionalsocialismo. Es un dato importante para entender el sentido religioso que tenía para nuestro santo en su enfrentamiento con el nazismo y, por tanto, para poder hablar posteriormente de martirio:

> *En mi opinión, la religión católica en nuestra patria se encuentra debilitada y amenazada por una serie de teorías que culminan en el nacionalsocialismo alemán y que encuentran en éste su máxima expresión (...). En respuesta a su pregunta acerca de lo que hemos hecho en este sentido en la práctica, me parece suficiente informarle de que durante el pasado año académico, en mi curso de historia de la filosofía acerca del pensamiento filosófico actual he dado varias lecciones acerca del nacionalsocialismo visto desde el punto de vista filosófico, y asimismo, en mi curso sobre la filosofía de la historia, he hablado durante todo un año del crecimiento y del desarrollo del nacionalsocialismo como ejemplo típico de pensamiento reaccionario[15].*

Otros espíritus agudos de aquel período ya captaron esa no disimulada tendencia del nazismo a lo pagano, símbolo de un pasado glorioso que habría sido degenerado con la llegada del cristianismo, hijo predilecto (no lo olvidemos) del judaísmo. Joseph Ratzinger cuenta en su autobiografía cómo bajo el nacionalsocialismo en la escuela se les obligaba a celebrar las fiestas de los solsticios y los

---

[15]   Ib., 178.

equinoccios, eliminando progresivamente las referencias al cristianismo[16]. En ese mismo marco habría que incluir el *animalismo* defendido por el nacionalsocialismo: una pretendida defensa de los animales frente a la barbarie judeocristiana. No olvidemos que una de las primeras leyes elaboradas por el gobierno de Hitler fue la *Reichsjagdgesetz* (Ley de caza del Reich), a la que seguirían otras leyes de protección animal. Además de desacreditar a la población judía por la práctica del sacrificio de los corderos para la Pascua, todo ello suponía una vuelta a la naturaleza, a los bosques, al panteísmo que, en medio del batiburrillo filosófico que se amasaba en el pensamiento nacionalsocialista, formaba parte de la cosmovisión nazi.

También don Francisco Javier de Borbón Parma, descendiente de la rama carlista de la monarquía española, cuando Adolf Hitler visitó Roma en mayo de 1938, escribirá con lucidez en una de las páginas de su diario: *Tan solo el Santo Padre ha escrito un Syllabus contra el nacionalsocialismo (...) en medio de esta cofradía pagana entre fascismo (italiano) y nacionalsocialismo (alemán)...* Como veremos más adelante, don Javier de Borbón Parma sería recluido en Dachau[17]. En la misma línea se sitúa monseñor Piguet, obispo de Clermont Ferrand que terminaría también en Dachau y quien calificaba a las tropas alemanas

---

[16]   J. Ratzinger, *Mi vida. Autobiografía* (Madrid 2006) 53-54

[17]   Citado en: V. Puigdengolas Sustaeta, *Un Borbón en Dachau. El cautiverio del Príncipe Don Francisco-Javier*: Diálogo Judeocristiano 15 (2024) 16-23.

que entraban en París como *los ostrogodos motorizados del siglo XX…*

Años más tarde, ya tras la invasión de Holanda en mayo de 1940, Brandsma se volvería a enfrentar con el nazismo. Era un enfrentamiento inevitable, ya que el carmelita frisón trabajaba de forma destacada en los dos ámbitos que el nazismo (como todo poder dictatorial y totalitario) intentaba controlar: la prensa y la educación. San Tito Brandsma había sido un periodista vocacional y profesional. Había dirigido el periódico generalista *De Stad Oss*, había colaborado con diversos rotativos y había reflexionado acerca del papel de la prensa católica en la sociedad moderna. Por todo ello, el episcopado holandés le nombró su delegado ante la prensa católica, dado que, pese a tratarse de un país de amplia mayoría protestante, en los Países Bajos había un número no pequeño de periódicos y revistas católicos.

Lo mismo ocurrió en el ámbito de la educación. San Tito Brandsma había trabajado mucho en este campo que resultaba un tanto novedoso en la Holanda de principios del siglo XX. De hecho, el joven carmelita tuvo que explicar en distintos foros el sentido de la educación católica: no se trataba de buscar privilegios de ningún tipo, ni de crear guetos, sino de ofrecer una educación de calidad y abierta a un público amplio, desde la perspectiva y los valores de la fe católica[18]. Recuérdese que el catolicismo había estado

---

[18] Además, Brandsma tuvo también que luchar con ciertas resistencias en el seno de la orden carmelita, ya que algunos pensaban que este apostolado no se correspondía con el carisma de la Orden, más

muy marginado durante tres siglos y que desde mediados del siglo XIX se había venido asistiendo a lo que se vino en llamar «la emancipación católica». Así, poco a poco, se fueron restableciendo parroquias y diócesis y la Iglesia católica fue ganando en visibilidad e incluso en prestigio en los Países Bajos. Brandsma entendía la apertura de colegios católicos en ese marco: la normalización de la presencia de la Iglesia en un ámbito mayoritariamente protestante.

En ese sentido, nuestro hombre trabajó duramente en la fundación de colegios (Oss, Oldenzaal) e intentó dotarlos de medios materiales y humanos que facilitaran esa labor. Pero no solo trabajó arduamente por la creación y la consolidación de centros de enseñanza, sino que reflexionó con hondura acerca de rol de la Iglesia en este ámbito e incluso analizó algunas teorías pedagógicas que por aquellos años estaban muy en boga.

Traemos todo esto a colación porque, tras la invasión de Holanda por el Ejército alemán en mayo de 1940, la presión a la que nos referíamos más arriba en cuanto a la prensa se refiere, se dio también, y de forma muy virulenta, en la educación. Además de prohibir que los religiosos pudieran dirigir las escuelas y de reducir al mínimo el sueldo de los profesores de religión, las autoridades de ocupación obligaron de la noche a la mañana a la expulsión de los niños de origen judío de los colegios católicos. San Tito Brandsma, que años antes había sido nombrado presidente

---

centrado en la espiritualidad, la dirección espiritual, etc.

de la «Asociación de las Escuelas Católicas» (*Bond van Besturen v. R. K. Scholen v. V.H.M.O.*), se negó radicalmente a cumplir dicha orden. Primero consiguió que la orden fuera suavizada (no serían expulsados los niños judíos que estuvieran en colegios católicos antes de la invasión), pero posteriormente, y ante la rigidez de las autoridades, Brandsma mostró su oposición a esta medida que vulneraba los derechos básicos de una parte de la población. En su condición de presidente de las escuelas católicas, manda una carta circular a los directores de colegios en la que rechaza abiertamente esta medida con argumentos firmes:

> *Después de consultar con la autoridad superior y de conocer la posición adoptada por la parte cristiana [protestante], les comunico que la privación violenta de la educación de aquellas personas que la solicitan, también es percibida por nosotros como una dolorosa injusticia y como un ataque a la misión de la Iglesia. En el cumplimiento de su misión, la Iglesia no hace distinciones de género, raza o nación[19].*

Por tanto, no es de extrañar que, dado este enfrentamiento frontal entre san Tito Brandsma y las autoridades nacionalsocialistas en dos ámbitos tan sensibles y tan estratégicos, este acabara por ser arrestado el 19 de enero de 1942 y, tras pasar por varias cárceles y campos de concentración, terminara sus días en el *Lager* de Dachau. La fecha no deja de ser significativa, ya que el día siguiente, en una

---

[19]   El texto completo se puede consultar en: Tito Brandsma, *Escritos ante el nacionalsocialismo* [F. Millán Romeral, ed.] (Madrid 2023) 190.

elegante villa de un barrio residencial de Berlín, junto al lago de Wannsee, se reunirían varios de los más altos jerarcas nazis para buscar una solución al llamado «problema judío» (*Endlösung der Judenfrage*).

Pero en este enfrentamiento entre catolicismo y nazismo, desde posiciones personales e ideológicas muy variadas, hubo muchas personas y momentos estelares. Pensemos en el beato Ruperto Mayer, jesuita que, desde los primeros momentos del nacionalsocialismo, se dio cuenta del peligro que este suponía. Nada menos que en la cervecería *Bürgerbräukeller*, en el centro de Múnich, desde donde Hitler había iniciado su intento de golpe de Estado en 1923, el P. Mayer participó en un debate acerca de si un católico puede ser nacionalsocialista. Dada su popularidad en la ciudad (eran famosas sus misas de domingo por la tarde en la estación central), Mayer fue recibido entre aplausos, pero su postura contraria enardeció los ánimos y fue despedido entre insultos. Tras la subida al poder de Hitler, el enfrentamiento se hizo más virulento. El P. Ruperto criticó abiertamente la manipulación en los medios de comunicación, así como algunas medidas que entraban en colisión con la moral cristiana. Por todo ello, sería arrestado y llevado al *Lager* de Sachsenhausen. Las autoridades nazis tenían miedo de la popularidad que había alcanzado el jesuita y, por ello, lo trasladaron a la abadía de Ettal, en los Alpes bávaros, donde permanecería hasta prácticamente el final de la guerra. Fue beatificado por Juan Pablo II en noviembre de 1987.

En septiembre de 2016 fue beatificado en Wurzburgo Engelmar Unzeitig, sacerdote alemán de la congregación misionera de Marian Hill. Unzeitig, que había sido ordenado pocos días antes del estallido de la segunda guerra mundial, se destacó por una serie de sermones en los que criticaba la represión y persecución de los judíos. Ello le costó el arresto y, tras ser juzgado en junio de 1941, fue enviado al campo de Dachau, donde, a causa de su caridad ejemplar hacia todos, recibió en apodo de «el ángel de Dachau». Como otros sacerdotes, se ofreció voluntario para acompañar a los enfermos de tifus en la gran epidemia que se desató en los últimos meses del *Lager* antes de la liberación. El P. Engelmar se contagió y falleció pocas semanas antes de la *Befreiung*. Al parecer sus cenizas fueron conservadas y enviadas a Wurzburgo donde el misionero gozaba ya de una fama generalizada de santidad.

Significativo es también el caso del beato Gerardo Hirschfelder. Nacido en Glatz en la región de Silesia (hoy Polonia) en 1907, fue un sacerdote muy dedicado a la pastoral juvenil. En ese ámbito se opuso a que los jóvenes ingresaran en las *Hitlerjugend*, a pesar de que la pertenencia a esta organización acabó siendo obligatoria desde diciembre de 1936, y de que todos los demás grupos juveniles acabarían siendo abolidos. Hirschfelder pronunció varios sermones muy duros contra el nacionalsocialismo lo que provocó que fuera arrestado en agosto de 1941, internado en la prisión de Glatz e interrogado en varias ocasiones. De allí fue trasladado al *Lager* de Dachau en diciembre de 1941, donde moriría algunos meses más tarde (el 1 de agosto de 1942) a causa de la neumonía y de las condiciones horribles del campo. Fue beatificado en la catedral de Münster en septiembre de 2010 y presidió la ceremonia el cardenal Meisner en nombre del papa Benedicto XVI.

Beato Gerardo Hirschfelder

Pensemos en el beato Clemente Augusto von Galen, obispo de Münster, quien se enfrentó abiertamente y con decisión al programa de exterminio de enfermos mentales y personas con discapacidad (conocido como *Aktion T-4*). Sin ningún pudor, los nazis llenaron las calles de carteles en los que se presentaba a un médico con un enfermo y se señalaba directamente que dicho enfermo le costaba anualmente al *Reich* 60.000 marcos. Se concluía tan macabra propaganda recordando al ciudadano que esa suma salía de sus impuestos. Von Galen, de carácter fuerte y convicciones profundas (se le apodó «el león de Münster»), se enfrentó sin ambages en sus predicaciones a dichas leyes, así como a los métodos coercitivos de la

Gestapo contra los opositores al régimen. Ello le costó un arresto domiciliario prolongado y provocó —lo que siempre le preocuparía más y le causaría no poco sufrimiento— el arresto e incluso la muerte de algunos sacerdotes que habían distribuido clandestinamente sus sermones. Fue beatificado por el papa Benedicto XVI en octubre de 2005 en Roma.

No conviene olvidar tampoco el caso del cardenal Faulhaber, quien, pese a ciertas vacilaciones lógicas, sobre todo a raíz de la firma del concordato entre el naciente *Reich* y el Vaticano (*Reichskonkordat*), denunció con frecuencia la política del nacionalsocialismo. Más aún, fue quizás una de las primeras voces católicas que denunciaron la ideología antisemita de los nazis. No es de extrañar que para el *Reich* fuera considerado un católico irreductible y un «amigo se los judíos». En sentido contrario, Faulhaber consideraba que el nazismo era «una herejía, incompatible con la visión cristiana del mundo»... Faulhaber ordenaría sacerdote a Joseph Ratzinger en junio de 1951.

Pero en este enfrentamiento entre las dos cosmovisiones no entraron solamente algunos clérigos o incluso obispos a título personal, sino que también participaron instancias más amplias de la jerarquía católica. Ciertamente hubo diversidad de estrategias (algunos buscaban un choque frontal y otros eran partidarios de actuar con prudencia) y de intensidades, y no todos los episcopados fueron especialmente sensibles a lo que suponía el nacionalsocialismo, ni tuvieron todos la misma clarividencia a la hora de afrontarlo. No obstante, la oposición fue evidente y creciente a medida que el nacionalsocialismo iba mostrando su verdadero rostro. Así, por ejemplo, en febrero de 1931 (¡antes incluso de que Hitler llegara al poder!), los obispos de Baviera dieron una serie de indicaciones al clero acerca de las herejías que se encontraban en el programa político del partido nazi. Un mes más tarde, en marzo de 1931 los obispos del norte de Renania repetían de forma nítida: «No está permitido a los católicos compartir esas doctrinas incompatibles con la doctrina católica». El resto de los obispos alemanes se iría uniendo a dicha condena sin ambages y, pese a ciertas resistencias provocadas más bien por las dudas en cuanto a qué era más conveniente y prudente hacer en cada momento para mostrar ese rechazo, la oposición fue nítida.

Muy duros en este sentido fueron los obispos holandeses quienes a lo largo de los años (bastante antes incluso de la invasión alemana de los Países Bajos en mayo de 1940) emitieron diversas cartas en las que denunciaban el carácter anticristiano de la ideología nacionalsocialista y en las que, en varias ocasiones, amenazaban con la excomunión a los fieles que colaboraran directa o indirectamente con el nacionalsocialismo[20]. Conviene recordar que en Holanda existía también un partido de corte nacionalsocialista. Se

---

[20]   Véase una síntesis de las diversas cartas que durante varios años enviaron los obispos holandeses en este sentido en: Tito Brandsma, *Escritos ante el nacionalsocialismo* [F. Millán Romeral, ed.] (Madrid 2023) 257-262.

trataba del NSB (*Nationaal Socialistische Beweging*). Su fundador había sido Anton Adriaan Mussert y se trataba de un partido escasamente popular, si bien el número de afiliados creció ostensiblemente durante la dominación alemana. Además del partido en sí, el NSB contaba con varias asociaciones paralelas, a veces de carácter paramilitar y que, en muchos casos, se escapaban del control del propio Mussert, lo que las hacía aún más peligrosas. El NSB llegó a crear su propia policía política, una versión holandesa de la Gestapo, así como una réplica neerlandesa de las tristemente famosas SS alemanas. En la mayoría de las cartas del episcopado holandés se aludía a este movimiento y a su ideología[21].

Algunos líderes nacionalsocialistas acusaron a los obispos de actuar movidos por intereses políticos. Se buscaba de este modo desacreditarlos ante la opinión pública. En una de sus cartas (la enviada el 8 de septiembre de 1941), los obispos rechazan tajantemente esta acusación. Se trata de un testimonio muy importante a la hora de calibrar las motivaciones principales de los católicos holandeses en su rechazo del nazismo y, por tanto, a la hora de hablar —al menos en términos generales— de martirio. Merece la pena reproducir un párrafo verdaderamente antológico:

---

[21]   Los historiadores coinciden en señalar que el NSB fue maltratado en principio por los alemanes tras la invasión, pero después sería utilizado por el gobierno de ocupación para las tareas más sucias como la delación de posibles activistas de la resistencia o de personas contrarias al gobierno.

Queridos fieles, continuamente nos es reprochado que nuestra acción contra el movimiento nacionalsocialista tenga el objetivo de obtener o de conservar un cierto poder político. Tantas veces ya hemos declarado —y lo declaramos de nuevo— que no se trata de interés político. Con el Apóstol podemos testimoniar delante de Dios que nosotros, bajo cualquier aspecto, tenemos la conciencia limpia, porque nos esforzamos en comportarnos irreprensiblemente en todo (Hb 13, 18). No, no se trata de poder político, se trata del ser o no ser del cristianismo, de la conservación de la sagrada fe, de la moral inmortal, de la civilización cristiana, del bien de vuestras almas inmortales. Y estos valores espirituales superiores los defenderemos siempre con vosotros hasta nuestro último respiro. También en la vida pública y social ninguno puede poner otro fundamento que aquel que puso Jesucristo (I Cor 3, 11).

Este testimonio resulta también interesante para nuestro tema, ya que Tito Brandsma fue un estrecho colaborador de los obispos holandeses a los que en cierto modo representaba en dos ámbitos cruciales de la vida pública: la prensa y la educación. No resulta descabellado, por tanto, pensar que en la elaboración de alguna de estas cartas participase directamente nuestro carmelita.

Además de las intervenciones episcopales que en diferentes momentos y con diversos tonos mostraron el rechazo del nacionalsocialismo al que se calificaba como «anticristiano», hay dos intervenciones que, desde un nivel todavía más alto y más universal, supusieron una crítica de dicha ideología. La primera se refiriere a la condena en 1934 del libro de Alfred Rosenberg *El mito del siglo XX (Der Mythus des 20. Jahrhunderts)* que fue incluido en el *Índice de libros prohibidos.* La medida fue más audaz si cabe, si tenemos en cuenta que la obra de Rosenberg fue un verdadero superventas en Alemania desde su primera edición en 1930 hasta prácticamente el final del período nazi, si bien, las valoraciones del libro (incluso dentro de las filas nacionalsocialistas) fueron muy variadas y no siempre positivas. El autor (que acabaría siendo ejecutado tras los juicios de Núremberg), junto a fantásticas teorías acerca del origen de algunos pueblos y de la evolución de las razas (que, en muchos casos, han contaminado a los arios), consideraba que Jesucristo mismo era ario y que su doctrina había sido corrompida por san Pablo. Ni siquiera los textos antijudíos de Lutero le parecieron suficiente, y consideraba que, si bien la Reforma había supuesto un paso importante en la recuperación del elemento ario de la religión (despojándola de su contaminación judía), dicho paso había sido tímido e insuficiente. Por todo ello, se suele considerar a Rosenberg como uno de los inspiradores principales del llamado *positives Christentum* (el *Cristianismo positivo*), una mezcla de teorías descabelladas y delirantes, que llevaron a Rosenberg a un duro enfrentamiento tanto con los católicos como con los protestantes. Fue esa pretensión de convertirse en una religión, en un cristianismo alternativo y perverso[22], lo que llevó a que su obra fuera incluida en el *Index librorum prohibitorum,* lo que suponía ya un enfrentamiento, no tanto con una

***

[22]   Véase al respecto: R. Steigmann-Gall, *El Reich sagrado. Concepciones nazis sobre el cristianismo 1919-1945* (Madrid 2007).

Iglesia local, o con los obispos de un país, sino, en cierto modo, con la Iglesia universal.

Pero, evidentemente, el momento más intenso de este enfrentamiento tuvo lugar con la aparición de la encíclica *Mit brennender Sorge* («Con ardiente preocupación») el 14 de marzo de 1937. Es bien sabido que, poco después de llegar Hitler al poder, el gobierno nacionalsocialista se aprestó a firmar un concordato con la Santa Sede, como era praxis común en los estados mordernos que iban surgiendo tras el período de las grandes revoluciones del siglo XIX. La Iglesia buscaba resituarse pacíficamente en el nuevo panorama internacional tras décadas de hostilidades, por lo que en tiempos de Pío XI se firmaron más de veinte concordatos con los respectivos estados. El llamado *Reichskonkordat* aseguraba la libertad de culto de los católicos y calmaba ciertos recelos por los tintes anticristianos que manifestaba el nazismo (pensemos en Rosenberg o incluso en algunos párrafos del *Mein Kampf* de Hitler).

Pese a la suposición por parte de la Iglesia de esa buena intención, las violaciones del concordato se dieron desde el primer momento, y en ciertas etapas con no poca virulencia y agresividad. Ello provocó no solo la reacción de algunos obispos (como ya hemos visto), sino también las protestas oficiales desde la Nunciatura. En la encíclica (escrita en alemán y no en el latín oficial de los documentos de la Iglesia de la época) el papa Pío XI se lamenta de la situación que se está viviendo en Alemania y protesta por las medidas que se están tomando contra la Iglesia católica, lo que supone una violación flagrante del concordato firmado años antes. Sin embargo, la encíclica va mucho más allá de una queja formal por unos hechos concretos y repasa las nociones fundamentales de la doctrina y la moral católicas que entran en conflicto frontal con la *Weltanschauung* nacionalsocialista, a la que el papa no duda en definir como *un provocador neopaganismo*: Dios, Jesucristo, revelación, Iglesia, moral, etc…

Pío XI advierte, por ejemplo, de la manipulación nacionalista y racista de la religión y de Dios mismo:

> *Solamente espíritus superficiales pueden caer en el error de hablar de un Dios nacional, de una religión nacional, y emprender la loca tarea de aprisionar en los límites de un pueblo solo, en la estrechez étnica de una sola raza, a Dios, creador del mundo, rey y legislador de los pueblos, ante cuya grandeza las naciones son como gotas de agua en el caldero (Is 40, 15). Los obispos de la Iglesia de Cristo encargados de las cosas que miran a Dios (Hb 5,1), deben vigilar para que no arraiguen entre los fieles esos perniciosos errores, a los que suelen seguir prácticas aún más perniciosas (n°. 15)…*
>
> *Si personas, que ni siquiera están unidas por la fe de Cristo, os atraen y lisonjean con la seductora imagen de una iglesia nacional alemana, sabed que esto no es otra cosa que renegar de la única Iglesia de Cristo, una apostasía manifiesta del mandato de Cristo de evangelizar a todo el mundo, lo que solo puede llevar a la práctica una Iglesia universal (n°. 25).*

Más aún, el papa pide sin disimulo a los pastores, religiosos y sacerdotes, que vigilen atentamente para que no se adulteren conceptos básicos de la fe cristiana y para que no se manipulen los principios más sagrados y nucleares de dicha fe. Pío XI es consciente de que en el nazismo revive una vieja herejía que se había manifestado en diversas ocasiones a lo largo de la historia del cristianismo: la manipulación de la idea de revelación, de modo que se admitan revelaciones ajenas a Jesucristo, al que no se considera palabra última y definitiva del Padre, sino (a lo más) un mero eslabón en una cadena de revelaciones parciales y cambiantes. La reacción del gobierno de Hitler fue bastante agresiva en principio. Cientos de sacerdotes fueron interrogados (y algunos de ellos internados en Dachau) y en diversos foros se acusó a la Iglesia de ser antigermánica y de defender oscuros intereses contra el pueblo alemán. El encargado de la respuesta fue el tristemente célebre *Völkischer Beobachter* (periódico que venía a ser el órgano oficioso del *Reich*), aunque la estrategia oficial del gobierno y del partido impuesta por Goebbels fue la de ignorar la carta, y silenciarla prohibiendo su difusión. En cualquier caso, la *Mit brennender Sorge* permanece como un hito en la historia de la Iglesia de los últimos siglos.

No es de extrañar que un año después, cuando Adolf Hitler visita Roma en mayo de 1938, Pío XI (que también mantenía un conflicto bastante evidente con el fascismo italiano[23]) diera una verdadera «bofetada diplomática»

---

[23]   De hecho, en 1931 (apenas dos años tras la firma de los pactos de Letrán) el papa había publicado la carta *Non abbiamo bisogno*, en la que, al mostrar su preocupación por la represión de las asociaciones cristianas como la Acción Católica por parte del régimen, ya señalaba

(permítaseme la expresión) a los dos mandatarios, dos de los personajes más poderosos del mundo en aquel momento. El papa no solo abandonó aquella Roma llena de esvásticas, de desfiles y de parafernalia durante los días de la visita, sino que ordenó que las luces de la plaza de San Pedro permanecieran apagadas y, asimismo, mandó cerrar los museos vaticanos. La tensión que se vivió en la *città eterna* durante aquellos días de mayo, en lo que a las relaciones Iglesia-Estado se refiere, alcanzó cotas muy elevadas.

En este punto conviene al menos mencionar una segunda encíclica que el mismo Pío XI estaba preparando contra el nacionalsocialismo y que llevaría el título (bastante significativo) de *Humani generis unitas*. El papa encargó la redacción de dicho documento al jesuita norteamericano John Lafarge. El objetivo principal de la misma era el demostrar y proclamar la incompatibilidad existente entre el catolicismo y el racismo nacionalista del nazismo, idea que, como hemos visto, ya quedaba apuntada en la *Mit brennender Sorge*. Por diversos motivos en los que no podemos entrar aquí (sobre todo, la muerte de Pío XI meses antes del inicio de la guerra), la encíclica no llegó a

_____

el carácter anticristiano del fascismo. Valga un párrafo como ejemplo: *Hemos querido señalar y condenar todo lo que en el programa y acción del partido hemos visto y comprobado ser contrario a la doctrina y a la práctica católica, y, por lo tanto, inconciliable con el nombre y la profesión de católicos (...) ¿Qué interés puede tener, en efecto, el partido en un país católico como Italia en mantener en su programa ideas, máximas y prácticas inconciliables con la conciencia católica?* (nº 31-32).

publicarse. Aunque no podemos hacer «historia ficción», qué duda cabe de que la publicación de dicha encíclica habría supuesto otro hito en aquel enfrentamiento entre la Iglesia católica y el nacionalsocialismo[24].

En definitiva, fueron varios (más de los que a veces se piensa o se escribe) y en algunos casos bastante intensos y significativos los enfrentamientos entre creyentes (clérigos, pero también muchos laicos), así como entre diversas instancias e instituciones de la Iglesia Católica y el nazismo. Ciertamente, en algunos casos la oposición podría haber sido mayor (como podría haber sido la de las universidades o la de las democracias europeas), más aún, no faltaron casos tristes de colaboracionismo y de implicación de católicos en el sistema nazi[25] o de reacciones demasiado diplomáticas o tardías. En cualquier caso, y pese a la complejidad de aquella Europa desquiciada y convulsa del período de entreguerras, el enfrentamiento entre católicos y nacionalsocialismo fue bastante grande, lo que explica en cierto modo la reclusión de los religiosos en Dachau

---

[24]   Sobre este en cierto modo escabroso tema y sobre las posibles causas de que la carta no se publicase, han surgido muchos intentos de explicación. Puede verse al respecto: G. Passelecq – B. Suchecky, *El silencio de la Iglesia frente al fascismo. La encíclica que Pío XII no publicó* (Madrid 1997). Sin ser preciso, el título del original francés me parece menos sensacionalista y más cercano a la realidad: *L'encyclique cachée de Pie XI. Une occasion manquée de l'Église face à l'antisémitisme.*

[25]   Un caso paradigmático fue el del sacerdote Jozef Tiso (1887-1947) que llegó a ser presidente del recién nacido Estado eslovaco, aliado de la Alemania nazi, tolerando las deportaciones de judíos que fueron condenadas (con poco éxito) por el Delegado papal en Bratislava.

y la reclusión de muchos laicos en diversos campos de concentración...

Efectivamente, aunque hemos hablado de obispos y de sacerdotes, muchos laicos se enfrentaron con valentía al régimen nacionalsocialista. En los últimos meses, antes de ser detenido, de la vida de san Tito Brandsma, cuya biografía nos está sirviendo de hilo conductor de este libro, no puede pasar desapercibido el hecho de que, cuando tiene que visitar a los directores de los periódicos católicos para informarles de que no pueden publicar las consignas del gobierno de ocupación, estos, en su mayoría laicos, se muestran dispuestos a resistir, por lo que él estaba muy contento al acabar la ronda de visitas (entre diciembre de 1941 y enero de 1942). Era una misión difícil e incluso desagradable. Significaba poner a los directores de periódicos católicos entre la espada y la pared, ya que, por una parte, el gobierno de ocupación les obligaba a publicar la propaganda nazi, pero, por otra, la Iglesia les insistía en no hacerlo. Más aún, Brandsma, en nombre del arzobispo De Jong, tenía que advertir a los directores de que, si publicaban dichas consignas, perderían inmediatamente la condición de católicos. La reacción valiente de los editores (laicos católicos, repitámoslo) llenó a nuestro carmelita de satisfacción y de esperanza[26]. Más aún, podríamos decir que se sintió edificado por el ejemplo de aquellos seglares

---

[26] Véase cómo lo explica otro periodista católico de nuestros días: M. Arribas, *El precio de la verdad* (Roma 1998) 159-177.

que con tanta valentía afrontaban una situación peligrosa y compleja. Cuando el Provincial de los carmelitas holandeses (ante los rumores que corrían) aconsejó a Brandsma que se escondiera, al menos por una temporada, en algún convento rural, fuera de los focos del gobierno de ocupación, este respondió que dejar a aquellos periodistas laicos en la estacada y esconderse él constituiría una vergüenza y una cobardía. No andaba del todo descaminado el Provincial en cuanto al riesgo que corría Brandsma se refiere, puesto que, pocos días después de terminar la ronda de visitas, el 19 de enero de 1942, nuestro hombre sería arrestado en el convento de Nimega y comenzaría su travesía por cárceles y campos de concentración.

Si hubiera que destacar dos nombres entre los numerosos laicos que mostraron su oposición al nacionalsocialismo o a algunos de los gobiernos que encarnaban esta ideología, podríamos señalar en primer lugar al austriaco beato Francisco Jägerstätter[27], terciario franciscano, quizás el más conocido y significativo, ya que su vida ha inspirado recientemente la famosa película *Una vida oculta* (*A Hidden Life*), dirigida por Terrence Malick. Jägerstätter se negó a servir en las filas del *Reich*, aunque aceptaba hacerlo como ayudante sanitario. Las autoridades pensaron que este campesino austriaco acabaría por ceder, pero con tenacidad admirable, se siguió oponiendo al alistamiento

---

[27] Véase al respecto en esta misma colección: I. Catela, *Los que no juraron a Hitler. El beato Francisco Jägerstätter y otros laicos* (Madrid 2020).

forzoso. Ello produjo su arresto en febrero de 1943 y, tras ser juzgado en Berlín, sería ejecutado en la guillotina en agosto del mismo año. Francisco Jägerstätter fue beatificado por el cardenal Saraiva Martins en la Catedral de Linz en octubre de 2007.

En segundo lugar, podríamos destacar una figura muy diferente, Irena Sendler (Sendlerowa). Nacida en 1910, hija de un médico que había fallecido de tifus por atender a enfermos contagiosos rechazados por otros médicos, Irena se destacó durante la guerra por proteger y esconder a numerosos niños judíos del gueto de Varsovia de las formas más increíbles y poniendo en riesgo su vida. A los niños a los que rescataba (a veces solo horas antes de ser deportados a una muerte segura) los incluía en un archivo con sus nuevas identidades. El objetivo era que estos niños pudieran conocer en el futuro sus identidades reales y conocieran sus familias. Fue arrestada por la Gestapo en octubre de 1943 y fue torturada cruelmente. En la cárcel encontró una estampa de la Divina Misericordia con la frase: «Jesús, en ti confío», lo que la animó a seguir resistiendo. La conservaría toda su vida hasta que la regaló a Juan Pablo II. Su heroicidad la llevó a ser conocida como «el ángel del gueto de Varsovia» y el Memorial *Yad Vashem* le otorgó el título de «justa entre las naciones».

Estos ejemplos de resistencia, de enfrentamiento, de denuncia desde la Iglesia católica (de los que hemos simplemente espigado algunos casos significativos) no faltaron en las iglesias protestantes. Si bien, al principio del nazismo (como ocurrió en las filas católicas) hubo cierta aceptación de este movimiento, causada por el resentimiento y la humillación de la Primera Guerra Mundial, por el carácter anticomunista del mismo, por la sensación de orden y progreso que trasmitía, entre otros factores, pronto surgirían voces que denunciaban el carácter profundamente anticristiano de esta ideología. Además, en el caso de la Iglesia evangélica alemana (en su mayoría de inspiración luterana), el nazismo provocó un verdadero cisma, ya que, por una parte, estaba la llamada la Iglesia nacional alemana (los *Deutsche Christen* o «cristianos alemanes») que aceptaban el nazismo y que incluso llegaban a reinterpretar la fe cristiana desde la cosmovisión nacionalsocialista, y, por otra parte, se creó la llamada *Bekennende Kirche* o «iglesia confesante» abiertamente opuesta al nazismo al que consideraba radicalmente anticristiano.

En el caso de los «cristianos alemanes», su concepción de la fe y de la revelación se acercaban en no pocas ocasiones a la del llamado *Cristianismo positivo* (*positives Christentum*), al que ya aludía el mismo Hitler en fecha muy temprana (en el *Programa de los 25 puntos* de 1920) y que vendría a ser un intento de fusión entre un cristianismo muy difuso y las teorías raciales del nacionalsocialismo. De hecho, se trataba de una tendencia que se alejaba totalmente del cristianismo, cambiando y pervirtiendo sus nociones fundamentales. Por ejemplo, el *positives Christentum* no profesaba la fe trinitaria de Nicea (por lo que no era considerado cristiano por otras denominaciones) y consideraba a Hitler como un nuevo profeta, heraldo de una nueva revelación.

El *Cristianismo positivo* recibió un nuevo impulso con la obra *El mito del siglo XX* de Alfred Rosenberg, al que ya hemos aludido más arriba. En esta obra Rosenberg negaba que Jesucristo fuese judío y consideraba que Pablo había corrompido el mensaje cristiano al «judaizarlo», lo que tuvo consecuencias muy negativas para la evolución posterior de la fe cristiana. Asimismo, la obra de Rosenberg era muy anticatólica y acusaba al catolicismo de haber sido una especie de caballo de Troya del judaísmo en el mundo occidental. Tanto Rosenberg como los «cristianos alemanes», consideraban que Lutero y la Reforma habían supuesto un paso positivo en la emancipación del mundo ario del lastre judío que arrastraba el cristianismo. De hecho, el famoso opúsculo de Martín Lutero (*Sobre los judíos y sus mentiras*) fue reeditado en diversas ocasiones. Incluso, en los juicios de Núremberg, tras la caída del nazismo, todavía un personaje representativo del mundo nazi como era el editor antijudío Julius Streicher, fundador y director de la revista *Der Stürmer*, apeló en su defensa al hecho de que Martin Lutero hubiera escrito siglos antes que había que quemar las sinagogas y que muchos de los males de la sociedad provenían de la presencia de los judíos. En definitiva, para algunos jerarcas e ideólogos del partido la Reforma luterana, como movimiento germánico, había supuesto un paso importante, pero insuficiente. Ahora había llegado el momento de purificar totalmente a la fe cristiana de todas las adherencias judías.

Todas estas teorías provocaron que en el seno de las iglesias reformadas alemanas surgieran voces críticas que avisaban del peligro que suponían para la fe tanto el *Cristianismo positivo*, como los *Deutsche Christen*. No se trataba solamente de aspectos secundarios o matizables, sino de un verdadero ataque frontal a los fundamentos de la fe cristiana, a su concepción de la revelación, de la única mediación en Cristo, de la salvación por la fe, etc., aspectos que, por otra parte, habían constituido en otros tiempos la bandera de la Reforma protestante.

Son muchos los casos de teólogos y pastores protestantes que se enfrentaron a esta concepción perversa de la fe cristiana. El enfrentamiento alcanzó su máxima tensión cuando el gobierno nacionalsocialista intentó aplicar la *cláusula aria* (también conocida como *párrafo ario*) a las iglesias protestantes. Dicha cláusula, que se había ido ampliando cada vez a más grupos sociales y que suponía la exclusión de los judíos de ciertos trabajos, de cargos de responsabilidad o de dirección e incluso la exclusión de determinados espacios públicos, buscaba la total eliminación de los judíos de la vida social y de los entes públicos, incluidas las iglesias.

Destacaremos solamente dos ejemplos. El primero es el del célebre pastor protestante Martin Niemöller, quien —pese a ciertas vacilaciones iniciales— acabaría por enfrentarse con fuerza al nazismo. Ello le costó el arresto en julio de 1937 y, aunque en principio debería haber estado en la cárcel solamente unos meses, Niemöller pasó más de siete años entre los campos de Sachsenhausen y Dachau. Curiosamente, un poema de Martin Niemöller —conocido universalmente, aunque generalmente atribuido a Bertolt Brecht— se ha convertido en emblema de la lucha no solo contra el nacionalsocialismo sino contra las diversas formas de opresión deshumanizadora que asolan incluso hoy nuestro mundo[28].

El segundo nombre es el de Dietrich Bonhoeffer, pastor protestante, teólogo, fundador de la *Bekennende Kirche* junto a Niemöller y a otros teólogos luteranos, quien pagaría caro su frontal oposición al nazismo, pues sería ahorcado en abril de 1945, un mes antes del fin de la guerra. Bonhoeffer, bien conocido por algunas de sus obras teológicas como *Vida en comunidad* (en la que describe cómo debe ser la vida de los seminaristas y futuros pastores) o *El precio de la Gracia. El seguimiento* (en la que desarrolla su concepción soteriológica), fue uno de los más activos miembros de la Iglesia confesante y se opuso a que Hitler o la raza o la nación ocuparan el papel que, para un cristiano, solo corresponde a Cristo, el *Kyrios*, el Señor. Por todo ello, hoy Bonhoeffer es considerado un mártir para varias confesiones cristianas e incluso ha sido citado en diversas ocasiones por los últimos papas.

---

[28] Se trata del poema que comienza: *Primero se llevaron a los comunistas, pero como yo no era comunista, no alcé mi voz...* Existen muchas variantes del texto y el mismo Niemöller señaló que, más que de un poema, se trataba de un sermón o de un discurso, por lo que no existe una versión «canónica» ni uniforme del mismo.

Una importancia capital en la lucha de las iglesias protestantes contra el nazismo tuvo el célebre sínodo de Barmen. El gobierno nacionalsocialista había reformado la estructura de las iglesias protestantes regionales, de manera que estas estuvieran gobernadas por miembros fieles de los *Deutsche Christen*. Frente a ello se convoca el sínodo de Barmen que no solo abordaría la cuestión de la estructura eclesial (lo que, en último término, habría reducido el sínodo a una cuestión de autoridad o incluso de mera lucha de poder), sino que reafirmaría los fundamentos teológicos de la fe cristiana, puestos en serio peligro por el *Cristianismo positivo* y por la ideología nacionalsocialista. De Barmen surgirá un documento teológico de altura en el que (siguiendo una estructura que casi podríamos definir como «tridentina») primero se proclaman solemnemente los principios de la fe y luego, de cada uno de ellos, el Sínodo va extrayendo una serie de condenas. Por ejemplo, primero se afirma la unicidad de la revelación en Cristo y a continuación se condena la posibilidad de otras revelaciones fuera de Cristo mismo (algo que propugnaba Rosenberg y los *Deutsche Christen*):

> *Jesucristo, según el testimonio de la Sagrada Escritura, es la única Palabra de Dios, que debemos escuchar y a la que, en la vida y en la muerte, debemos confiar y obedecer.*
>
> *Condenamos la falsa doctrina según la cual la iglesia podría y debería reconocer como fuente de su predicación, fuera de y junto a esta única palabra de Dios, también a*

otros acontecimientos y poderes, figuras y verdades, como
revelación de Dios[29].

En el desarrollo y en la elaboración de las conclusiones
del sínodo de Barmen tuvo un papel fundamental el teólogo suizo Karl Barth, que había escrito, ya en 1933, que *la*
Iglesia ha de servir, no al pueblo alemán o a la historia, sino
a la palabra soberana de Dios.

Resulta curioso que tanto el documento que surge de
Barmen como la encíclica *Mit brennender Sorge* partan en
su condena del nacionalsocialismo del fundamento teológico de la revelación en Cristo[30]. Ello dice mucho de la
oposición al nazismo de muchos cristianos (católicos y
protestantes) y apunta indirecta, pero significativamente, a
nuestro tema, puesto que el martirio se define por la causa
y no por la pena, como ya señalara san Agustín (*Martyres*
non facit poena sed causa) y aquellos creyentes veían en el
nazismo el odio a la fe cristiana, el desprecio de sus fundamentos dogmáticos más sagrados, la adulteración más
grosera de sus principios teológicos y morales. Los mártires intuyeron, por tanto, que los sicarios y los ideólogos
del régimen actuaban *in odium fidei...*

---

[29]   Cito por: H. Vall, *Iglesias e ideología nazi. El sínodo de Barmen*
(1934) (Salamanca 1976) 340-341. Esta obra incluye un pormenorizado
estudio de la convocatoria, dificultades y conclusiones del sínodo.

[30]   Sería hermoso, incluso desde el punto de vista ecuménico,
analizar en detalle ambos documentos de donde quizás saldría una
teología fundamental común (un *Credo*) o, al menos, una serie de
afirmaciones básicas comunes.

III. LOS CLÉRIGOS EN DACHAU

Vista toda esta oposición al nazismo (de la que, como ya hemos indicado, señalamos tan solo algunos ejemplos), no resulta extraño que se multiplicaran las detenciones y arrestos de sacerdotes y religiosos, así como de pastores protestantes. Aunque ya se habían dado numerosas detenciones de sacerdotes y religiosos anteriormente, parece ser que los primeros clérigos deportados a Dachau se remontan a 1938, un año antes de comenzar la guerra. Dos años más tarde llegaron varios contingentes más numerosos de Alemania y Austria. Ante esa situación, el Vaticano mantuvo una serie de contactos secretos con el Reich de los que obtuvo que los sacerdotes y religiosos detenidos fueran agrupados en un único campo y este sería Dachau[31]. El campo cercano a Múnich se convertirá así en una especie de parroquia por la que pasarán más de 2700 clérigos y en la que dejarán su vida alrededor de un millar. Por nacionalidades, el polaco

---

[31]   Lo estudia en detalle e incluye las actas de los acuerdos, así como diversas cartas entre la Santa Sede y el Nuncio, con varios obispos alemanes y con Von Ribbentrop (ministro de Asuntos Exteriores del Reich): J. Kammerer, *La baraque des prêtes à Dachau* (Paris 1995).

fue el grupo mayoritario (cerca de 1.900), mientras que por órdenes y congregaciones fueron los jesuitas los que, con más de un centenar de prisioneros, ocuparon el primer lugar en cuanto a número de reclusos se refiere.

Se trataba de una situación en cierto modo extraña, única, peculiar. Otto Pies, sacerdote jesuita, compañero y amigo del beato Carlos Leisner (el diácono que acabaría siendo ordenado en el *Lager*), señalaba acerca de los prisioneros en Dachau:

> *Cientos de sacerdotes tras una doble alambrada supieron crear allí una intensa vida religiosa y sacerdotal que, a pesar de la prohibición, se extendió a todo el campo a través de la confesión, la unción, la comunión, los retiros y una especie de Cáritas integral. Una Iglesia encadenada, obstaculizada y restringida, vigilada y amenazada y, sin embargo, en libertad y plena actividad, con el poder de la levadura, en la libertad del espíritu y la supremacía de la verdad...*

Como señalaba el cardenal O'Malley en el prólogo a la edición española de una célebre obra de Jean Bernard titulada *Un sacerdote en Dachau. Memorias en primera persona (1941-1942)*:

> *La Sagrada Escritura manifiesta con claridad que donde abunda el pecado sobreabunda la gracia. Y es bien cierto que en Dachau sobreabundó la gracia sacerdotal*[32].

---

[32] J. Bernard, *Un sacerdote en Dachau. Memorias en primera persona (1941-1942)* (Madrid 2010) 10. Bernard cuenta (pág. 174) que abandonó la enfermería (*Revier*) del *Lager* el 23 de julio de 1942 y, por tanto, debió de coincidir allí con Tito Brandsma. Esta obra fue llevada al cine por el reputado director Volker Schlöndorff en el filme *El noveno día* con Ulrich Mathes en el papel del sacerdote luxemburgués. El título alude a su heroica decisión tras los nueve días de permiso fuera de

Y Saverio Clementi recoge el testimonio del sacerdote italiano Roberto Angeli quien denominaba el *Lager*, en referencia la presencia de tantos sacerdotes, como «una patena más preciosa que las de oro de nuestras iglesias, una patena repleta de todos los atroces sufrimientos del mundo… y nosotros la elevábamos al cielo implorando piedad, perdón y paz»[33].

En cuanto a la estadística de los clérigos que estuvieron en Dachau, las cifras bailan según las fuentes. Es lógico, puesto que las autoridades del campo borraron muchos archivos y fichas personales y algunos de los fallecidos o desaparecidos probablemente morirían en los traslados forzosos que, sobre todo al final de la guerra, se organizaban de un campo a otro y, en no pocas ocasiones, sin una lógica clara. Órdenes y contraordenes se sucedían ante el imparable avance los aliados por el oeste y de los rusos por el este.

Entre los más de 2700 religiosos prisioneros se contaban dos obispos. El primero fue Miguel Kozal, obispo auxiliar de Włocławek (bajo los alemanes: *Leslau*), que murió que 1943 en Dachau y que sería beatificado en 1987 por el papa Juan Pablo II. Monseñor Kozal había sido detenido por su rechazo de algunas de las normas impuestas por las fuerzas de ocupación alemanas, sobre todo en lo referente a la prohibición de predicar en polaco. Pese a ser avisado varias

---

Dachau que obtuvo Bernard y en los que se le ofreció la posibilidad de retractarse y de abandonar la posición de la iglesia contraria al nazismo.

[33] Traduzco de: S. Clementi, *Un prete nell'inferno di Dachau: Don Mauro Bonzi* (Cinisello Balsamo 2018) 77.

veces (incluso por algún oficial alemán católico), rechazó el abandonar su diócesis y finalmente fue detenido e interrogado. Pasó por varias cárceles donde Kozal tuvo que sufrir malos tratos, vejaciones y violencia física y psicológica que le provocaron un estado de debilitamiento de su ya frágil salud y, entre otras cosas, la pérdida del oído izquierdo. La salud de monseñor Kozal no era buena y no pudo resistir por mucho tiempo las condiciones inhumanas de Dachau, por lo que fallecería el 23 de enero de 1943. Quien esté familiarizado con la literatura concentracionaria y en concreto con lo referente a Dachau, intuirá la huella tan profunda que dejó en los prisioneros el testimonio del obispo Kozal, al que aluden, no solo los sacerdotes, sino diversos autores de diferentes ideologías y creencias.

El segundo fue Gabriel Piguet, obispo de la diócesis francesa de Clermont-Ferrand que llegó al *Lager* en 1944. De mentalidad más bien conservadora y admirador de Petain, se enfrentó, no obstante, con valentía a las fuerzas de ocupación y a la ideología que las sustentaba. Defendió y salvó la vida de varios judíos, lo que le valdría posteriormente el reconocimiento más elevado que en este sentido concede el Memorial *Yad Vashem*: ser considerado «justo entre las naciones». Fue arrestado en mayo de 1944 y, tras pasar por varios campos, llegó a Dachau donde fue llevado al barracón de presos importantes (*Ehren-Häftlinge*) junto a otros prisioneros ilustres (Francisco Javier de Borbón Parma, el excanciller austriaco Kurt Alois von Schuschnigg, el alcalde de Viena, Leon Blum, Martin

Niemöller, un sobrino de Churchill, etc.) que gozaban de ciertos privilegios. Uno de ellos, como nos cuenta Nerin E. Gun, era el de celebrar diariamente en su celda la eucaristía en la que —siempre según Gun— ayudaba el general Delestraint. Piguet tendría la alegría inmensa de ordenar sacerdote al beato diácono Carlos Leisner, como veremos más adelante.

Beato Miguel Kozal

Asimismo, varios sacerdotes que pasaron por Dachau serían posteriormente obispos. Entre ellos cabe destacar a Josef Beran, quien —tras pasar varios años en Dachau— sería nombrado arzobispo de Praga en diciembre de 1946. Se da el caso (no infrecuente en la Europa del este) de que el prisionero del nazismo fuera de nuevo detenido, ahora por el comunismo, lo que le supuso doce largos años de reclusión en la prisión de Roslov. Finalmente tuvo que salir de Checoslovaquia y vivió sus últimos años en Roma donde llegó a participar en una de las últimas sesiones del Concilio Vaticano II. Fue creado cardenal en 1965 y, al morir, fue enterrado por permiso especial del papa en la cripta de la basílica de San Pedro, aunque algunos años después, en 2018, sus restos fueron depositados en la Catedral de San Vito en Praga.

Carlo Manziana, sacerdote oratoriano, fue acusado de actividades antifascistas con los jóvenes, lo que le supuso (tras pasar por varias cárceles en el norte de Italia) acabar en Dachau. En diciembre de 1963 fue nombrado obispo de Crema. Manziana participó muy activamente en la reforma litúrgica del Concilio Vaticano II y en noviembre de 1985 concelebró con gran alegría junto a san Juan Pablo II en la beatificación de Tito Brandsma.

Franciszek Korszyński, prisionero en Dachau y posteriormente obispo auxiliar de 1946 a 1972 de la misma diócesis martirial (Włocławek) de donde procedían muchos de los sacerdotes arrestados en Dachau y su obispo, monseñor Kozal. Escribió sus recuerdos del *Lager* en una obra titulada *Jasne promienie w Dachau* (Poznań 1957). El título es significativo (*Rayos brillantes en Dachau*) pues indica cómo en aquel lugar de muerte y maldad, brillaron también resplandores de bondad, de caridad… de santidad[34].

Kazimierz Majdański, también obispo auxiliar de la misma diócesis de Włocławek, en este caso de 1962 a 1979,

---

[34] Existe una traducción italiana bajo el título *Un vescovo polacco a Dachau* (Brescia 1963), prologada por el entonces cardenal Montini.

escribió una obra con los recuerdos de su cautiverio[35] en la que llega afirmar que Dachau se había convertido en un «lugar sagrado» y, en último término, en el lugar en el que el bien había vencido a través de la caridad, de la fe y del martirio.

Adam Kozłowiecki fue un sacerdote jesuita que desempeñaba una estupenda labor pastoral con los jóvenes[36]. Fue arrestado en Cracovia al comienzo de la guerra (en noviembre de 1939) y tras pasar por algunas cárceles fue internado en Dachau hasta el final de la contienda. Posteriormente desempeñó una gran labor como misionero en Zambia y fue nombrado arzobispo de Lusaka. Intervino en alguna de las sesiones del Concilio Vaticano II, sobre todo en lo referente a los medios de comunicación social. Fue creado cardenal por Juan Pablo II en febrero de 1998.

Johannes Baptist Neuhäusler era sacerdote de la diócesis de Múnich-Frisinga cuando fue arrestado en febrero de 1941. Neuhäusler había sufrido ya algún breve arresto en fechas muy tempranas (en 1934) y era bien conocido por las autoridades nazis por su intensa actividad en contra del régimen. De hecho, años antes, el arzobispo Faulhaber le había encargado estudiar los ataques del nazismo a la Iglesia católica y presentar un dosier al respecto. Por ello,

---

[35]   K. Majdański, *Un obispo en los campos de exterminio. Historia de una fidelidad* (Madrid 1991).

[36]   Sobre la oposición de los jesuitas de diversos países al nacionalsocialismo y las consecuencias que ello tuvo, véase: V. A. Lapomarda, *The Jesuits and the Holocaust: Journal of Church and State* 23/2 (1981), 241-258.

durante años Neuhäusler colaboraría estrechamente con Faulhaber y compartiría con él sin disimulo su oposición a las teorías nacionalsocialistas. Con gran entusiasmo y poniendo en riesgo su vida, el joven sacerdote divulgó en muy diversos ambientes la encíclica *Mit brennender Sorge*, a pesar de la expresa prohibición del gobierno del *Reich* de darla a conocer. Además, la Gestapo sospechaba que Neuhäusler había pasado información al autor anónimo de una obra que tuvo bastante repercusión en medios eclesiales anglosajones: *The Persecution of the Catholic Church in the Third Reich*, publicada en Londres en 1940 y dos años después en Nueva York.

Der Vatikan löst die Rassenfrage

THE VATICAN SOLVES THE RACIAL QUESTION.

Propaganda nazi recogida en *The Persecution of the Catholic Church in the Third Reich:*

«El Vaticano resuelve la cuestión racial: ¡No traigas el árbol genealógico... lo único que importa es la fe!»

Finalmente, Neuhäusler fue detenido en febrero de 1941. Tras pasar por Sachsenhaussen fue internado en Dachau y alojado en el «bunker de honor» en el que, en diferentes períodos de su cautiverio, coincidiría con otros destacados clérigos como el obispo Piguet o el pastor protestante Martin Niemöller y con otras personalidades (*Ehren-Häftlinge*) de la vida social o de la política. Sobre su estancia en Dachau escribiría posteriormente el libro *Saat des Bösen. Kirchenkampf im dritten Reich*. («Semillas del mal. La lucha de la Iglesia en el Tercer Reich»). Cuando el final de la guerra era ya inminente, todos aquellos prisioneros serían trasladados en un autobús hacia la región italiana del Alto Adige donde finalmente (y tras varias peripecias en medio del caos de los últimos días del *Reich*) serían liberados. En 1949 fue nombrado obispo auxiliar de Múnich-Frisinga. Fue autor de varias obras fundamentales para entender no solo la presencia de los clérigos en Dachau, sino el conflicto general de los católicos con el nacionalsocialismo. Más allá de nuestro tema, se da además la curiosidad de que el obispo auxiliar de Múnich-Frisinga ordenó diácono en octubre de 1950 a un joven seminarista llamado Joseph Ratzinger. Además, el obispo Neuhäusler fundó el convento de las Carmelitas en Dachau al que nos referiremos más adelante y donde se encuentran sus restos.

IV. VIDA SACERDOTAL

Vamos a intentar ahora describir la vida sacerdotal de los clérigos de Dachau sintetizándola en tres aspectos que, de algún modo, pueden ayudarnos a entender (o, al menos, a intuir) lo que allí se vivió: liturgia, servicio y profesión de fe. Son los tres pilares de la vida cristiana, que, desde tiempos de los Padres y de la Iglesia primitiva, conforman el trípode sobre el que se apoya la comunidad cristiana: *Leiturgia, Diakonia* y *Martyria*. Como nos recordaba el papa Benedicto XVI en el número 25 de su encíclica *Deus Charitas est*:

> *La naturaleza íntima de la Iglesia se expresa en una triple tarea: anuncio de la Palabra de Dios («kerygma-martyria»), celebración de los Sacramentos («leiturgia») y servicio de la caridad («diakonia»). Son tareas que se implican mutuamente y no pueden separarse una de otra.*

Esa «naturaleza íntima» se mantuvo heroicamente en la iglesia de Dachau. La celebración del Misterio (rudimentaria, escondida, espontánea) se tradujo en servicio fraterno, lo que supuso (también de forma rudimentaria, pero muy potente) un verdadero testimonio de fe y de esperanza.

a. Liturgia

En Dachau, los clérigos fueron agrupados en los barracones 26 y 28, aunque, a veces, según las circunstancias, se utilizara alguno más, sobre todo cuando llegó un contingente bastante grande de clérigos polacos. El barracón 26 estaba en principio reservado a los clérigos alemanes prisioneros, por lo que se permitió allí la construcción de una capilla que estaba totalmente vedada para los no alemanes. Se celebraba una misa por la mañana temprano y en múltiples ocasiones los sacerdotes alemanes sacaron clandestinamente formas consagradas que después eran partidas en trozos minúsculos que se repartían a otros prisioneros para ser consumidas o bien para ser conservadas (en una funda de gafas, en una caja de cerillas, en un borde del traje carcelario), lo que posibilitaba una especie de adoración continua que animaba poderosamente y elevaba el ánimo de los abatidos prisioneros. Veamos algunos ejemplos.

Una noche, al entrar los prisioneros en su barracón, el *kapo* correspondiente detectó manchas de barro en el suelo. Aquellas situaciones solían crear un ambiente de tensión y violencia que se descargaba sobre los prisioneros más débiles, más lentos o más despistados y Tito Brandsma solía estar entre ellos. El carmelita frisón llevaba la partícula de la Sagrada forma escondida en la funda de sus gafas. Así lo cuenta en su *Diario* el hermano Rafael Tijhuis:

> *La rabia de aquel hombre no tiene límites. Haciéndolo rodar por el suelo, golpea y patea a Tito todo lo que puede, quien, arrastrándose, intenta llegar al umbral del dormitorio, no sin antes sufrir un trato despiadado. Todo el tiempo le oigo*

gritar como solo estos tipos saben hacerlo. Por fin, Tito logra arrastrar su dolorido cuerpo hasta la entrada de la habitación. Al verlo, lo levanto, le acompaño hasta la cama y lo arropo lo mejor posible, mientras le pregunto si le duele mucho. Pero Tito no quiere ninguna palabra de consuelo. Sonriendo me mira y susurra: «Oh, hermano mío, ¡sabía quién estaba conmigo!». Y diciendo esto, señala la funda de las gafas que lleva con cautela bajo el brazo, bien pegado al cuerpo. Me quedo un rato a su lado, hasta que finalmente me dice: «Venga, recemos juntos el Adoro te». Quisiera ponerme de rodillas, pero ante el riesgo de llamar la atención, permanezco de pie. Entre susurros hacemos juntos un acto de adoración al Dios escondido, el grande, el que sufre, Prisionero en el Sacramento. Después me bendice con el Santísimo escondido en la funda de las gafas, y me apremia: «Ahora, ¡rápido a la cama, ya!». Por la mañana, cuando me levanto, le pregunto si ha dormido bien. Me responde que después de las dos no ha podido volver a conciliar el sueño, pero que ha permanecido el resto de la noche adorando a Nuestro Señor[37].

Ciertamente la devoción eucarística ayudó mucho a san Tito Brandsma en su peregrinaje por cárceles y campos de concentración. En Scheveningen, donde el prisionero estuvo en dos ocasiones en los primeros meses de 1942, Brandsma elabora una especie de horario para poner algo de orden en la monótona y amorfa vida carcelaria y allí dice lo siguiente:

> *Después, y siempre en pijama que afortunadamente tomé el día de mi detención, me arrodillo en las mantas colocadas sobre la estera y celebro la «misa» y hago la comunión*

---

[37] *Puede verse en* A. Urbański - R. Tijhuis, *Diarios de Dachau* (Madrid 2022) 376.

espiritual, se entiende, y la acción de gracias. ¡La celebración es más breve y muy diferente a la del convento!

Y en otra ocasión escribe: *Me faltan, ciertamente, la comunión y la Santa Misa, pero Dios está cerca de mí, en mí, y conmigo: «In eo enim vivimur, movemur et sumus».* Pasados varios meses, y a excepción del período en que estuvo recluido en Cleveris donde pudo participar de la eucaristía gracias al capellán de la cárcel, Deimel, en el *Lager* de Dachau Brandsma pudo comulgar de vez en cuando con la minúscula partícula que le pasaban de forma clandestina los sacerdotes alemanes prisioneros.

Jean Bernard también recuerda con emoción aquellas comuniones clandestinas y el profundo significado que tuvieron para los prisioneros. Por poner solamente un ejemplo, comenta Bernard la emoción que sintieron cuando el jesuita belga Leo De Coninck les pasó disimuladamente la Sagrada forma, la Hostia consagrada, precisamente en un período en el que vivían profundamente angustiados por la posibilidad de ser enviados en un convoy hacia una muerte segura:

> *Una mañana, el padre De Coninck saca una bolsa de celofán con la etiqueta de «vitamina C» (…). A través del celofán se adivina un trozo de Hostia consagrada de poco más de un centímetro. ¡Qué difícil nos resulta controlarnos!*
>
> *No nos delatemos —dice De Coninck—. Un sacerdote alemán del barracón 26 nos ha enviado al Señor.*
>
> *Decidimos quedarnos de momento con tan maravilloso tesoro y repartirlo entre nosotros cuando nos incluyan en el transporte.*
>
> *Son días de fiesta. Ahora, cuando rezamos juntos las oraciones de la misa, el padre De Coninck sujeta secretamente*

la Hostia en la mano. Es imposible describir con palabras el consuelo, el coraje y la disposición al sacrificio que trae al corazón de estos sacerdotes atormentados... [38]

Aquel pequeño gesto fue de gran importancia para muchos prisioneros quienes recordarían toda su vida cómo aquella comunión clandestina fue un verdadero alimento espiritual que les dio ánimo, consuelo y fuerza en los momentos más dramáticos de su vida en el *Lager* de Dachau. Son muchos los testimonios en este sentido. Valga el de Francisco Javier de Borbón Parma quien cuenta cómo los sacerdotes pasaban clandestinamente y poniendo en riesgo su propia vida la comunión a los enfermos graves y moribundos (como era su caso):

A los sacerdotes prisioneros les incomunicaron por temor de que trajeran y llevaran consignas al ejercer la confesión. Pero quedaban dos que no habían declarado serlo, jesuitas. Y no te puedo asegurar si sería uno de esos dos un individuo con una escoba, que se acercó a mi colchoneta como si barriese y me dijo: «Usted se muere y no puedo traerle ahora al Señor, pero lo intentaré a la tarde, cuando haya pasado la visita del médico». La visita del médico fue muy rápida, como siempre. A mí ni se acercaba por miedo al contagio. Oí que le dijo al enfermero: «No ocuparse de ése; está perdido». Lo dijo en su idioma, pero entrometió un término francés despectivo, una palabra fea que se dice de un perro cuando se muere. A los pocos minutos pasó un preso al que yo conocía de vista, se detuvo a mi lado y sacó un pedacito de pan corriente y me lo dio, diciéndome: «Esto es

[38] J. Bernard, *Un sacerdote en Dachau. Memorias en primera persona (1941-1942)* (Madrid 2010) 177-178. En el mismo sentido véanse también págs. 93-94.

el Señor, que lo llevo así para los que se mueren». No sabes la emoción que sentí. No me parece que he comulgado nunca con tal fervor, y no porque pensaba que me moría, sino por la vergüenza de recibir a Dios en estado tan miserable y sobre aquel jergón inmundo. ¡Qué lección tan hermosa de humildad y de amor aquel pedacito de pan corriente consagrado![39]

No faltaron incluso los actos más visibles (pequeñas paraliturgias) de piedad y de adoración eucarística. Jean Bernard nos describe con detalle cómo, con motivo de las bodas de plata de la ordenación episcopal de monseñor Kozal, él y otros prisioneros hicieron una custodia con los materiales que tenían a mano, y, sobre todo, con gran delicadeza y amor:

> *Algunos de nosotros nos ponemos a confeccionar una custodia. Ya hemos conseguido los materiales necesarios: un palo de escoba, unas cuantas latas, cuyo interior parece de bronce y varias tablillas de madera que usamos para montar a modo de pie una base rectangular con varios niveles, en cuyo centro metemos el palo de la escoba. El fondo de la lata se convierte en un viril después de recortar los bordes artísticamente para formar los rayos de sol.*
>
> *Llevamos dos semanas trabajando en la custodia, empleando como únicas herramientas martillo, pinzas y un cuchillo. Pero lo conseguimos, y estamos seguros de que al Señor le gustará, entronizarse en ella tanto como en cualquiera de las costosas custodias de oro que tienen nuestras iglesias*[40]

---

[39] V. Puigdengolas Sustaeta, *Un Borbón en Dachau. El cautiverio del Príncipe Don Francisco-Javier*: Diálogo Judeo-cristiano 15 (2024) 21-22.

[40] J. Bernard, *Un sacerdote en Dachau. Memorias en primera persona (1941-1942)* (Madrid 2010) 72.

Además de las comuniones clandestinas, son frecuentes los testimonios que hablan de las confesiones entre sacerdotes o incluso de otros reclusos. En el caso de san Tito Brandsma, conocemos tres anécdotas que pueden ser significativas en este sentido. En el camión que transportaba hacinados a los prisioneros, desde la cárcel de Scheveningen al campo de Amersfoort, entre los cuales se hallaba nuestro P. Tito, un prisionero, Van Mierlo (laico católico, director de la compañía de gas de Tilburg), quien más tarde narraría la anécdota en el proceso de beatificación, pidió a uno de los sacerdotes ser oído en confesión. Aquél manifestó sus escrúpulos al respecto, al no saber si tendría licencia para administrar el sacramento en aquellas condiciones. Ante su duda, el P. Tito le señaló que, dadas las circunstancias, podría hacerlo tranquilamente, y finalmente acabó confesándole él mismo.

Ya en Amersfoort (un campo de distribución en los Países Bajos), el profesor Brandsma fue invitado a dar una conferencia en una especie de veladas culturales que se organizaban en algunos campos, sobre todo allí donde se juntaban intelectuales, sindicalistas, escritores, profesores de universidad, etc. Dos temas estaban totalmente prohibidos: el tema político y el religioso. El P. Tito fue astuto, ya que anunció que el tema de su conferencia sería la obra de Geert Grote, un célebre autor, fundador de la llamada *Devotio Moderna*. Lo que iba a ser una conferencia sobre literatura, acabó siendo una homilía sobre el sentido cristiano del sufrimiento, sobre la incorporación a Cristo que no nos deja solos en la desolación y a quien nosotros acompañamos en el *viacrucis* de la vida. Ciertamente, se trataba de conferencias en cierto modo grotescas. Un dibujo hecho por un compañero de presidio nos muestra a Brandsma, con su traje de recluso, subido en un cajón de madera, bajo la luz mortecina de una bombilla y con un papel grasiento en la mano en el que había garrapateado un esquema apresuradamente. El ponente terminó haciendo una interpretación más (había otras, menos educadas) de aquellas siglas macabras, P.D.A. (*Polizeiliches Durchgangslager Amersfoort*, esto es, «Campo de tránsito de la policía de Amersfoort»), que los prisioneros veían por todas partes. La propuesta de Brandsma fue significativa: *Perseveramur, Deo Adiuvante* (¡Resistiremos con la ayuda de Dios!)[41]. Pero lo que más nos interesa para nuestro tema es que la conferencia de nuestro hombre causó un impacto tremendo. Se da la circunstancia de que la conferencia fue pronunciada el Viernes santo de aquel año de 1942. Los días siguientes muchos prisioneros quisieron confesarse clandestinamente con él. No se negó a confesar cuanto pudo, dadas las circunstancias y el peligro que ello suponía, puesto que era una actividad que estaba totalmente prohibida.

Por último, sabemos también que el carmelita frisón confesó a un guardián de alguno de los campos por los que

---

[41]   En otra ocasión, Brandsma había interpretado las siglas de Amersfoort como *Probamur dum amamur...* («Somos probados cuando somos amados»).

pasó[42]. Lógicamente, entre los SS y en otros sectores de la maquinaria policial-militar alemana había también católicos. Probablemente la mayoría de ellos habrían olvidado o descuidado su fe, o incluso la habrían aborrecido y habrían renegado de ella influenciados por la propaganda del partido. Pero no cabe duda de que habría también casos, quizás muy minoritarios, en los que el rescoldo de la fe no se había apagado del todo y, por ello, aunque sabemos poco de las circunstancias del caso, no nos debe sorprender que un guardián se dirigiese a alguno de los sacerdotes para ser escuchado en confesión. Menos aún nos debería sorprender el que un prisionero humillado, maltratado, privado de toda dignidad ofreciera en nombre de Dios y de la Iglesia, el perdón a uno de sus verdugos. Ello nos habla de la elevada (y sobrecogedora) concepción de su ministerio que tuvieron muchos de los sacerdotes prisioneros en Dachau. Jean Bernard lo afirma sin ambages, con claridad meridiana y evangélica:

Pero debemos perdonar. Debemos perdonar aun siendo conscientes del inmenso horror de lo sucedido, y no solo porque no se puede construir nada —ni una Europa nueva, ni un mundo nuevo— sobre los cimientos del odio, sino, sobre todo, por amor a Dios que nos manda perdonar y nos urge a ello, y ante quien víctimas y verdugos son pobres pecadores necesitados de misericordia[43].

---

[42] Lo reflejó de forma muy hermosa (sin olvidar que se trata de una ficción cinematográfica) el filme *Le due Croci* producido por la RAI y dirigido por Silvio Maestranzi e interpretado en el papel del P. Tito por Heinz Bennent.

[43] J. Bernard, *Un sacerdote en Dachau. Memorias en primera*

El misterio del pecado, de la libertad, de la vocación, de la gracia y de la salvación... se hacía ahí, en medio del horror, más patente que nunca.

Además de la eucaristía y la confesión no faltaron en determinados momentos celebraciones que calificaríamos como particulares. Se trataba de devociones, de momentos de reflexión e incluso de oración centrados en algún texto bíblico que alguno de los presentes recordaba de memoria. Eran celebraciones apresuradas, siempre bajo el temor de ser sorprendidos por alguno de los *kapos* que solían ser bastante crueles con los sacerdotes. De nuevo es Jean Bernard quien nos cuenta el valor (incluso ecuménico) que tuvo para los prisioneros la bendición del obispo Kozal:

> *«Benedictio Dei omnipotentis...» Es el obispo de Leslau, monseñor Cozel [sic], impartiendo la bendición. Los protestantes hacen también la señal de la cruz. Y es como si esa bendición llenase de sentido nuestro dolor, lo elevara por encima de lo meramente humano y añadiera los pequeños sufrimientos de cada uno al océano de injurias y persecuciones que la Iglesia de Cristo soporta y soportará. Una bendición que nos permite compartir la gracia, el consuelo y la fuente de fortaleza que sostuvieron a los primeros mártires. ¡Qué milagro el de la comunión de los santos, que se hace realidad en nosotros!*[44].

También el P. Tito solía reunir a un grupo de prisioneros por la mañana y, a pesar del deterioro evidente de

---

persona (1941-1942) (Madrid 2010) 22.

[44] *Ib.*, 57-58.

su salud, les comentaba algún texto de Santa Teresa (cuya obra había estudiado y traducido) o de la Biblia. El 16 de julio de 1942 (diez días antes de su muerte) reunió a los carmelitas allí presentes y con un apretón de manos y la recitación en voz baja del *Flos Carmeli*, el célebre himno carmelita medieval, celebraron la festividad de la Virgen del Carmen. Más aún, en ese mismo día, Brandsma recibió la profesión en la Tercera Orden del Carmen de un sacerdote diocesano polaco, a quien advirtió de que, acabada la guerra, sería conveniente que la hiciera de forma más solemne. Ese mismo día, también en Dachau, el P. Kentenich funda la *Obra familiar de Schoenstatt* y el *Instituto secular de los Hermanos de María*, junto al Dr. Kühr y al Dr. Pesendorfer. Ejemplos, sin duda, todos ellos de una labor pastoral llena de ánimo y de creatividad.

b. Servicio

A lo largo de los cuatro años y medio en que funcionaron los barracones dedicados a los sacerdotes en Dachau, son numerosísimos los testimonios de la caridad heroica que allí se vivió. En julio de 2017 el papa Francisco abría una especie de «tercera vía» para los procesos de beatificación y canonización. Junto a la muerte *in odium fidei* (martirio) y a las «virtudes heroicas», el papa señalaba en el *Motu proprio Maiorem hac dilectionem* un tercer camino para iniciar una causa que sería la entrega de la propia vida. Los dos párrafos introductorios del *Motu Proprio* (muy hermosos) nos sirven para entender mejor la grandeza de lo que se vivió en aquel lugar de muerte de y desolación:

«Nadie tiene mayor amor que el que da su vida por sus amigos» (Jn 15, 13).

Son dignos de consideración y honor especial aquellos cristianos que, siguiendo más de cerca los pasos y las enseñanzas del Señor Jesús, han ofrecido voluntaria y libremente su vida por los demás y perseverado hasta la muerte en este propósito. Es cierto que el ofrecimiento heroico de la vida, sugerido y sostenido por la caridad, expresa una imitación verdadera, completa y ejemplar de Cristo y, por tanto, es merecedor de la admiración que la comunidad de los fieles suele reservar a los que han aceptado voluntariamente el martirio de sangre o han ejercido heroicamente las virtudes cristianas.

A veces se ha intentado rebajar o diluir el testimonio de caridad de los sacerdotes prisioneros en Dachau, aludiendo a los supuestos privilegios que, respecto a los demás prisioneros, se habrían dado en los bloques 26 y 28. Guillaume Zeller los denomina con agudeza *privilèges empoisonnés* («privilegios envenenados»)[45]. A lo largo de la guerra, y siempre según la situación política (los éxitos o fracasos del ejército alemán, si algún obispo había criticado al *Reich*), hubo ciertos privilegios que muchas veces se convirtieron en refinadas torturas. Ciertamente, los SS (y, más aún, los *kapos*, muchos de ellos presos comunes o comunistas) hacían circular rumores sobre estos privilegios. Tenían un odio especial a los sacerdotes. Algo parecido ocurría con los militares de alta graduación, a los que los SS torturaban con especial refinamiento y saña.

---

[45]   G. Zeller, *La baraque des prêtes. Dachau, 1938-1945* (Paris 2015) 112.

Sobre ello tenemos un testimonio muy interesante en la conversación que Tito Brandsma mantuvo con la enfermera que acabó poniéndole la inyección de ácido fénico (fenol) que acabaría con su vida. Ella le dijo que había oído que los sacerdotes del *Lager* iban al prostíbulo (el *Puff*[46]), a lo que el P. Tito habría respondido con una frase inspirada supuestamente por Santa Teresa (pero probablemente por Teresa de Lisieux): *los mejores sacerdotes no son siempre los que desde el púlpito hacen las predicaciones más bellas, sino los que sufren y ofrecen sus sufrimientos por los pecadores, por esto, yo estoy contento de poder sufrir...* Más allá de la hermosa anécdota, el lector agudo intuye que entre el personal del campo se hacían circular todo tipo de rumores para desacreditar a los sacerdotes, especialmente a los del barracón número 26.

Para complicar más las cosas, en ciertos momentos las condiciones de vida de los religiosos variaban notablemente según la nacionalidad de los mismos (generalmente eran los polacos los más castigados) o porque hubiese alguna visita de delegados de instituciones internacionales y se quisiera ofrecer la apariencia de que se daba un buen trato a los presos, o incluso por motivos totalmente arbitrarios, sin sentido lógico, al perverso capricho de las autoridades del *Lager*. Los mismos prisioneros se preguntaban a qué se debían ciertos cambios y los atribuían a la intervención

---

[46]   Nerin E. Gun, *Dachau. Testimonio de un superviviente* (Madrid4 1976) 38-41.

del papa o de alguna autoridad eclesiástica importante. Jean Bernard cuenta la curiosa conversación que mantuvo con un compañero protestante, tras una serie de órdenes absurdas y contradictorias (hacer la cama y volver a acostarse) por parte de un SS:

> —*En menuda nos ha metido ese papa vuestro* —*me dice un protestante que tengo a mi lado cuando acaba el suplicio.*
> —*¿Y qué tiene que ver el papa?*
> —*Ha hecho gestiones diplomáticas para que el clero reciba un trato de favor. Solo espero que esto acabe pronto.*
> —*Eso dicen* —*me confirma un colega católico al rato*—. *Pero no se sabe nada con seguridad*[47]

Entre los «privilegios», el más significativo fue el de la construcción de la capilla que se ubicó en el bloque 26. Efectivamente, a los sacerdotes alemanes se les concedió el tener una capilla que solamente podría ser utilizada por ellos. No obstante, la regulación de su uso también variaba notablemente según los diferentes períodos de la vida en el *Lager* y la evolución de la guerra. Generalmente estaba vedado a los sacerdotes no alemanes el acercarse a la capilla (¡sobre todo a los polacos!), aunque en ciertos momentos se suavizó esta normativa. Como ya hemos señalado, algunos sacerdotes alemanes conseguían sacar partículas de las formas consagradas para compartirlas con otros prisioneros.

---

[47] J. Bernard, *Un sacerdote en Dachau* (Madrid 2010) 57 (véanse también págs. 21, 42, 53-56, 68-76 *et passim*). En el filme inspirado en el relato de Bernard (*Der neunte Tag, El noveno día*) del director alemán Volker Schlöndorff, se muestra con gran realismo uno de estos momentos dramáticos en torno a la ingesta obligatoria del vino.

Albert Urbański y Jean Bernard describen con cierta ironía y con crudeza algún otro ejemplo de los «privilegios» del clero en Dachau durante alguno de los períodos de su cautiverio. Se trata de la posibilidad de tomar un cuarto de litro de vino al día, algo que se permitió durante algunos meses. El privilegio se convirtió en una verdadera tortura, sádica y refinada, en manos de los guardianes que obligaban a los prisioneros sacerdotes a beber el cuartillo de vino en ayunas hasta la última gota. Muchos de ellos vomitaban o, al no poder ingerirlo rápidamente ante la atenta mirada del SS de turno, eran golpeados salvajemente[48].

Otro privilegio que se dio en ciertas etapas del cautiverio de los sacerdotes en Dachau fue el de no formar parte de los *Kommandos* de trabajo que partían cada mañana para los bosques cercanos, para la laguna que diera nombre a Dachau, para fábricas que se aprovechaban de la mano de obra esclava que ofrecía el *Lager*, etc. Este supuesto privilegio (que se dio de forma intermitente en algunos períodos) se convertía en la práctica en una tortura, puesto que los sacerdotes (generalmente solo los alemanes, aunque esto también cambio en varias ocasiones) debían permanecer todo el día a la intemperie y tenían prohibido taxativamente el entrar en el barracón. Bajo la lluvia o la

---

[48]   Sobre los vaivenes de la actitud de los guardianes hacía los clérigos, así como su intento de convertir en torturas los privilegios que el gobierno del *Reich* usaba como propaganda ante el Vaticano, cf., P. Berben, *Dachau. Historia oficial del campo de concentración nazi 1933-1945* (Madrid 1977) 167-188. Véase también F. Korszyński, *Un vescovo polacco a Dachau* (Brescia 1963) 45-49.

nieve, o bajo el sol del verano, no podían refugiarse hasta que no volviesen los demás prisioneros de sus respectivos trabajos fuera del perímetro del *Lager*.

Más allá del tema de los supuestos privilegios, si hubiera que resumir el testimonio de caridad que dieron muchos de los sacerdotes prisioneros en Dachau, yo destacaría tres aspectos, todos ellos de genuino sabor evangélico, más valiosos y auténticos si cabe, al darse en medio de unas circunstancias terribles, en el reino del mal en sus diferentes formas. En primer lugar, habría que destacar su actitud ante los guardianes. En no pocas ocasiones, alguno de los sacerdotes reprendía a otros prisioneros por el hecho de insultar a los alemanes con palabras procaces u obscenas, algo que, por otra parte, no dejaba de resultar natural en aquel contexto. San Tito Brandsma, quien, recordémoslo, padeció varias palizas provocadas sobre todo por descuidos, invitaba incluso a sus compañeros a rezar por los guardianes en la confianza de que la semilla divina que todo ser humano encierra, pese a estar tan escondida y deteriorada por el pecado, pudiera germinar de nuevo de algún modo. Lo cuenta el hermano Rafael Tijhuis, joven carmelita holandés, que acompañó a Brandsma durante sus últimas semanas:

> *Para Tito supone una enorme decepción llegar a conocer a un tipo de esta calaña, de quien intenta permanecer a toda costa lo más lejos posible. No es capaz de comprender cómo un ser humano puede comportarse así. Tanto el Blockälteste como el Stubenälteste se enfurecen con frecuencia, agitando convulsivamente la porra. Nos pegan cada vez que quieren, golpeando con fuerza y soltando improperios horribles. El*

padre Tito hace lo posible para cumplir como puede cuanto le ordenan, pero a veces la edad y, sobre todo, su comprometida salud, le juegan una mala pasada. Es incapaz, por ello, de ser rápido en las tareas. Como además quiere hacer las cosas minuciosamente, atrae con frecuencia la atención del Stubenälteste, que invariablemente le da un puñetazo o un bastonazo. Cuando tiene que trabajar con los demás, Tito es siempre la personificación de la calma y la compostura. Aunque el Blockälteste y el Stubenälteste le peguen, no les maldice ni los insulta con palabras como «Bochen». No se percibe en él ninguna muestra de odio o aversión en su contacto con los nazis, los guardias o quienquiera que lo maltrate. Cuando se le pregunta por qué le han pegado, lo único que dice es: «Oh, ya ha pasado todo». Incluso sigue acudiendo con amabilidad al Blockälteste y al Stubenälteste, lo que nos llena de admiración, porque cuando te llaman es para darte tu merecido por algún «delito» cometido. Precisamente por eso es preferible alejarse todo lo posible de ellos, pero Tito, con su innata bondad, incluso intenta conectar con ellos, dirigiéndoles alguna palabra. La mayor parte de las veces la conversación termina con una patada o un tortazo, pero esto no le impide ser amable con ellos. Oigo aún la voz atronadora del Blockälteste: «¡Fuera de aquí, torpe idiota!».

En una de esas ocasiones, le digo a Tito: «Escuche, deje de hablar con ellos. No conseguirá nada. A lo sumo, una paliza». Pero él me responde: «No hay razón para no hacerlo. ¿Quién sabe? A lo mejor les queda algo».

«Hace falta rezar por esta gente», le oigo decir a menudo, «para que puedan llegar a ver la luz»[49].

Indudablemente, el gesto más heroico en este sentido por parte de san Tito Brandsma fue el trato que mantuvo

---

[49]   A. Urbański - R. Tijhuis, *Diarios de Dachau* (Madrid 2022) 357.

con la enfermera que terminaría con su vida. Al parecer, se trataba de una muchacha holandesa fascinada por el nacionalsocialismo y que habría terminado en Dachau. Allí trabajaba para los médicos de las SS que llevaban a cabo los terribles experimentos humanos en los que los prisioneros eran utilizados como cobayas. Eran experimentos orientados, por ejemplo, a evitar la muerte por hipotermia de los paracaidistas alemanes en el mar del norte, o a medir la reacción del cuerpo humano en diversas condiciones de presión atmosférica. El rumor de que estos experimentos tenían lugar en el *Revier* (enfermería del campo) era el motivo por el cual los prisioneros no querían ir allí cuando estaban enfermos. Esta enfermera habría sido detenida en Alemania tras la guerra y habría pasado más de diez años en la cárcel. No podía pisar los Países Bajos ni Bélgica porque habría sido ajusticiada como varios de sus jefes. En la cárcel se habría puesto en contacto con el capellán para contarle los últimos días del P. Tito y este, se habría puesto en contacto con los carmelitas. Dado que dicha enfermera se proponía empezar una nueva vida (quizás tendría una familia que no sabía mucho o nada de su pasado), puso como condición para declarar en el proceso canónico el hacerlo bajo un nombre ficticio (aunque el tribunal sí conocía su identidad). El nombre elegido fue *Tizia* que, como es bien sabido, viene a ser un nombre genérico en italiano («x») para hablar de un desconocido. Más aún *Tizia*, ya mayor, habría estado en la ceremonia de beatificación el 3 de noviembre de 1985 en Roma, aunque solamente la postulación carmelita y la congregación para las causas de los santos habrían sabido de ello.

Como habrá notado el lector agudo he usado frecuentemente el modo condicional, ya que la identidad de *Tizia* se ve envuelta en muchas sombras propias de aquellos años de sospechas, espías, venganzas... Desde el punto de vista del derecho canónico y del proceso de beatificación no cabe ninguna duda acerca de su identidad, pero sí que es cierto que hay en torno a *Tizia* misterios que quizás no lleguemos a conocer nunca. Un libro de Ton Crijnen publicado hace unos años arrojaba ciertas sombras sobre la identidad de *Tizia* y sobre su labor en Dachau[50].

No obstante, la declaración de Tizia ofrece datos y reacciones muy típicas del carmelita frisón, como la referencia a Santa Teresa (o Santa Teresita) a la que aludíamos más arriba, el trato delicado y amable, y la serenidad ante los experimentos y ante una muerte que ya era más que probable. Una frase de su declaración llama poderosamente la atención y resume muy bien el sentido de la santidad y del martirio de Tito Brandsma y de aquellos sacerdotes de Dachau:

> *Aquel hombre me dijo «Pobre muchacha, rezaré mucho por usted». Me miró y se compadeció de mí...*

---

[50]   T. Crijnen, *Titus Brandsma. De man achter de mythe. De nieuwe biografie* (Nijmegen 2008). Nótese que el título es ya una declaración de intenciones: «Tito Brandsma. El hombre detrás del mito».

En segundo lugar, cabe destacar la solidaridad que en no pocas ocasiones se dio entre los sacerdotes y también con otros reclusos. Ciertamente, el testimonio más impresionante, como veremos más adelante, es el de aquellos sacerdotes que se ofrecieron voluntarios para acompañar en sus últimos momentos a los enfermos y agonizantes a causa del tifus, pero hubo también ejemplos más sencillos y cotidianos, ejemplos que hoy para nosotros no significan mucho, pero que en aquel contexto eran profundamente significativos y heroicos. Hubo sacerdotes que compartieron regularmente sus ya de por sí escasas raciones de comida con prisioneros más necesitados o que regalaban un mendrugo de pan (un verdadero tesoro en la vida carcelaria) a un prisionero más hambriento.

Y, en tercer lugar, habría que destacar el heroico esfuerzo hecho por algunos de los sacerdotes por alimentar y mantener la esperanza de otros reclusos abrumados por la desesperación y la tristeza. No era cuestión solamente de ayudarles a soportar las penalidades (lo que era ya de por sí muy valioso), sino una cuestión de vida o muerte: el prisionero que caía en la depresión o en el abandono, al que le faltaban las fuerzas para cumplir el rígido y absurdo horario que se les imponía, se convertía poco a poco en un «musulmán», extraña palabra de la jerga de los prisioneros que servía para definir a los muertos vivientes, a los que ya se acercaban a la muerte sin rechazarla, sin fuerzas para resistir o incluso sin darse cuenta. Eran los siguientes en la macabra lista de espera de los crematorios. Albert

Urbański cuenta en su diario una anécdota terrible al respecto que merece la pena reproducir para darnos cuenta de lo que significaba perder el deseo de vivir o, al menos, de sobrevivir, en el ambiente concentracionario:

> *Los que pedían fuego eran sobre todo «musulmanes» (como se llamaba a los que estaban ya completamente extenuados, abandonados, moribundos). A quien poseía cigarrillos, se le contaba entre los astutos que eran capaces de arreglárselas y hasta «organizarse» para conseguirlos. Por esto, el «musulmán» que pedía fuego las más de las veces obtenía esta respuesta: «¡Mira, éste! ¡Quiere fumarse un cigarrillo, y no sabe que dentro de unas horas se fumará la chimenea del crematorio!»*[51].

En ese ambiente sórdido y deshumanizado, brutal en no pocas ocasiones, la actitud de solidaridad y de caridad extrema, que se traducía en cierta delicadeza, sensibilidad, respeto o amabilidad hacia los compañeros de presidio, constituía una verdadera declaración de principios. En una ocasión, el P. Tito Brandsma salió rápidamente de la formación para recoger sus gafas que había olvidado en el interior del barracón. Al salir fue salvajemente golpeado por uno de los *kapos*. Cuando el vigilante se marchó, se acercó rápidamente Rafael Tijhuis, un hermano carmelita mucho más joven que fue un verdadero ángel de la guarda de Brandsma (ya muy enfermo y debilitado) durante las semanas que pasó en Dachau. Tijhuis le recriminó por haber

---

[51]   A. Urbański - R. Tijhuis, *Diarios de Dachau* (Madrid 2022) 111.

ido personalmente a recoger las gafas, en vez de habérselo encargado a él, más avezado en burlar la vigilancia de los guardianes, pero el P. Tito le respondió: *No es nada, hermano. De otra forma te hubiera tocado a ti...*[52]

Qué duda cabe de que se trataba de una forma de apostolado en el sentido más genuino y hermoso de la palabra, una misión, una parte del ministerio sacerdotal centrada en aquellos que más lo necesitaban. Estaban haciendo realidad las hermosas palabras de Pablo en la Carta a los romanos *Nosotros, los fuertes, debemos sobrellevar las flaquezas de los endebles y no buscar la satisfacción propia. Que cada uno de nosotros busque agradar al prójimo en lo bueno y para edificación suya* (Rm 15,1-2). La paradójica fuerza de san Tito Brandsma (hombre débil, enfermizo, exhausto) se convertía en vida y en ánimo para los compañeros de cautiverio. Dejemos de nuevo la palabra a Rafael Tijhuis:

> *También Tito ejercitó su ministerio sacerdotal entre sus compañeros de cautiverio en el poco tiempo que vivió con ellos. Estaba siempre preparado para ayudar a los demás, especialmente en el socorro espiritual. Con su franca y sincera afabilidad sabía cómo devolver la confianza en momentos verdaderamente difíciles, cuando no se sabe qué esperar. En tales situaciones, se le oía decir a menudo: «Amigo mío, Dachau, con toda su hostilidad y sus peligros, es como un túnel oscuro que hay que atravesar. Debemos resistir y tener ánimo. Al final veremos la luz que nos hará libres». Aludía al resplandor de la Luz Eterna, a la que debemos aspirar y tener ante nosotros en las dificultades de la vida. También*

---

[52] Ib., 365.

nos recordaba siempre al buen Padre que hay en el cielo. Sus palabras: «¡Haz todo lo mejor que puedas y Dios hará el resto!», llegaron a ser casi proverbiales[53].

Palabras como «ánimo», «consuelo» o «coraje» suponían a veces en el campo un tesoro aún mayor que una ración extra de comida o que la posibilidad (tan anhelada por los prisioneros) de poder limpiar los grandes depósitos en los que se trasportaba la sopa a los prisioneros. Aunque tuvo efectos psicológicos, no fue solo una cuestión psicológica, sino que estaba basada en la fe: mostrar a los compañeros de cautiverio que el verdadero Señor es el Dios de la vida, el Dios del amor y que la fe en ese Dios, como veremos a continuación, da sentido incluso a las experiencias más terribles.

c. Profesión de fe

Junto a las liturgias clandestinas y a la caridad evangélica, manifestada de diversos modos, los sacerdotes de Dachau fueron también (en la mayoría de los casos de forma implícita, tácita, pero muy significativa) testigos y heraldos de la fe cristiana, la fe que daba sentido a sus vidas y que los llevaba, venciendo las más que lógicas resistencias, a anunciar al Dios de la vida en el reino de la muerte. Si ya era difícil mantener la fe y la esperanza, lo era aún mucho más el trasmitirlas a los demás. Muchos de los prisioneros, al hablar de Dios en aquellos momentos, sentirían todo el

---

[53]   Ib., 378.

drama (y la hermosura) de las palabras de Salmo 42: *Las lágrimas son mi pan noche y día, mientras todo el día me repiten: «¿Dónde está tu Dios?»*.

Pero, pese a la dificultad, no faltaron ejemplos en este sentido, sacerdotes que vivieron y compartieron el consuelo que solo puede venir de la fe cuando todos los apoyos humanos parecen venirse abajo. Pensemos, por ejemplo, en el jesuita holandés Henry Zwaans (quien falleció en Dachau el 27 de julio del 42, un día después que san Tito Brandsma) y en su oración al Sagrado Corazón que tanto impactó y ayudo a Tijhuis:

> *En aquellos días, el padre Henry Zwaans, un jesuita de Maastricht, es para mí un apoyo extraordinario. Vino al Bloque 28 poco después de mi llegada y trabajamos juntos siempre que fue posible. Sobrevivió solo unos meses, pero durante aquel breve período lograron hacer de él un mártir (…).*
>
> *Pero no es solo lo material lo que nos sostiene. Especialmente en un lugar como éste, uno aprende a apreciar el valor del alimento espiritual, ya se trate de la Santa Comunión —que se puede recibir clandestinamente, aunque solo en ocasiones excepcionales— o de conversaciones con las que nos animamos unos a otros en lo posible. Cada vez que trabajamos juntos el padre Zwaans dice: «Todo por ti, Sagrado Corazón de Jesús». Y con gran ánimo nos ponemos a trabajar. Pese a todo, las largas jornadas en medio de un frío cortante y calados hasta los huesos minan su frágil constitución*[54].

Pensemos en el testimonio del diácono beato Carlos Leisner quien pidió que le enviaran su guitarra, lo que

---

[54] Ib., 111.

sorprendentemente le fue concedido y con ella alegró la vida de sus compañeros de presidio cantándoles canciones populares de diversas regiones. Leisner estaba ya enfermo de tuberculosis y podemos pensar que —entre la enfermedad y las condiciones de vida de Dachau— cantar no sería uno de sus deseos más intensos y, sin embargo, resulta emotivo imaginar a aquel joven diácono que había trabajado con mucha ilusión con los jóvenes durante su corta vida y que ahora, en el ambiente sobrecargado y maloliente del barracón 26 del campo de Dachau, intentaba animar a los compañeros con lo que mejor sabía hacer: cantar acompañado de su guitarra, aprovechando los ratos en los que los *kapos* se descuidaran o estuvieran acompañando a los *kommandos* que salían fuera del campo. Sin duda, aquellos cánticos, probablemente desentonados y temerosos, cumplían a la perfección el mandato del Salmista que alcanzaba allí, en el reino de las tinieblas, todo su sentido y hermosura: *Cantad al Señor un cántico nuevo, cantad al Señor, toda la tierra; cantad al Señor, bendecid su nombre, proclamad día tras día su victoria...* (Salmo 96,1).

En el mismo sentido, el sacerdote beato Luis Andritzki, joven atlético, acostumbrado a la pastoral juvenil entró una noche corriendo en el dormitorio del barracón. Tras hacer el pino, dio varias volteretas acrobáticas y, tras la última, saltó a su litera que estaba en la fila de arriba (la más alta). Los demás sacerdotes rieron y estuvieron a punto de irrumpir en aplausos, lo que hubiera provocado un severo castigo y probablemente alguna paliza por parte de los *kapos*. El ánimo de todos, al menos por unos minutos, mejoró. El P. Alojs, pese a su juventud, era bien consciente de su situación en Dachau y del peligro que corría, pero también su espíritu era acrobático y sabía saltar y elevarse por la miseria moral del *Lager*. De hecho, en una ocasión escribió a su familia en los siguientes términos: «Tengo una profunda confianza en mi querido Padre celestial y creo que todo irá bien. Mi situación actual me está llevando hacia arriba...»

En su obra sobre los sacerdotes polacos en Dachau, Albert Urbański cuenta con franqueza la crisis espiritual que él mismo padeció provocada por unos versos del poeta Adam Mickiewicz, nacionalista polaco autor de la epopeya *Pan Tadeusz*. La frase en cuestión (que Urbański califica como «blasfema»), dirigida a Dios por el poeta, reza más o menos así: *Mentiroso quien te llama AMOR; ¡Tú eres solo sabiduría!* Esta frase, pronunciada en medio de los sufrimientos del *Lager*, de las torturas y del odio, provocó en el carmelita polaco una duda terrible y debió de preocuparle bastante como él mismo cuenta:

> *El texto de Mickiewicz arriba citado fue objeto de mi reflexión durante largos meses con motivo de la terrible realidad del campo. ¿Quién tiene razón: Mickiewicz o Juan el Evangelista? Éste afirma que Dios es AMOR y aquel lo llama mentiroso...*[55]

Urbański reflexionó mucho sobre ese dilema. La realidad parecía dar la razón a Mickiewicz. El amor de Dios había desaparecido de la faz de la tierra. A los jesuitas

---

[55]   Ib., 211-215.

prisioneros en Dachau y con los que Urbański quizás compartiría sus dudas, les vendrían a la mente las palabras de san Ignacio que invitan a meditar serenamente «cómo la divinidad se esconde» (*Ejercicios Espirituales*, 196). Urbański estaba viviendo con temor y con dramatismo lo que algunos años más tarde, Martin Buber llamaría el *Gottesfinsternis* («el eclipse de Dios»). Al final, Urbański (que tenía una buena formación teológica y sería profesor al terminar la guerra) ensaya una especie de teodicea basada en la libertad humana. La salvación y la victoria del bien no se pueden imponer al ser humano, porque este ha sido creado libre. La salvación puede ser ofertada, pero debe ser acogida libremente por los hombres. Más allá de la explicación en sí, lo que llama la atención es la valentía, el coraje de plantearse estas cuestiones. No era una fe fanática ni infantil (lo que hubiera sido totalmente comprensible en aquellas circunstancias), sino una fe madura, probada, una fe que mira de frente al misterio del mal y que, nombrando al Señor, hace un verdadero exorcismo.

El benedictino Sales Hess, tras pasar cuatro años en el *Lager*, escribe un libro que ha sido reeditado en diversas ocasiones y que se titula *KZ-Dachau eine Welt ohne Gott* (*Campo de concentración de Dachau: un mundo sin Dios*). Pero Dios estaba allí, quizás oculto bajo el sufrimiento y los harapos de los prisioneros, en un pequeño acto de solidaridad o de ternura, en la eucaristía escondida en una caja de fósforos.

Nombrar a Dios en el *Lager* era un acto de valentía, una profesión de fe. Joseph Rovan, en sus *Cuentos de Dachau* cuenta algunas experiencias religiosas (no olvidemos que se convirtió al catolicismo precisamente en el *Lager*) y en una de ellas, con aparente simplicidad, quizás mientras dilucidaba sus dudas personales respecto a su conversión y cuando velaba a un compañero moribundo al que apreciaba mucho, apunta (con una expresión que nos recuerda a Etty Hillesum) al coraje de nombrar a Dios precisamente allí:

> *Sé que mi oración no puede cambiar el camino de la Providencia. Pero no sé qué es la Providencia ni qué tiene previsto (…). ¿Hay que pedir por el amigo que muere para que no muera? Puede ser, pero, ante todo, y tanto por él, como por mí, hay que adherirse a la obra que está en curso, de vida o de muerte, y acompañarla. No me atrevía decir: «Señor, sálvalo»; lo importante era decir: «Señor» (…).*
> *¿Y si dependiera de mí que sanara? ¿Si dependiera de la fuerza de mi oración, si yo pudiera —rechazando todo pensamiento exterior— conseguir que la lucha de sustancias en el cerebro atacado por la enfermedad condujera a una u otra victoria? Dios puede mover montañas, pero no me corresponde a mí pedírselo.*
> *No ceder a la vieja angustia mágica, a la tentación espiritista. Pero tampoco sé, para ese instante sin peso propio que es una noche, permanecer todo entero cerca del amigo enfermo y cerca de Dios[56].*

d. Un testimonio que se prolonga en el tiempo

Por último, al hablar del testimonio de caridad que dieron los sacerdotes en Dachau que hemos sintetizado en

---

[56] J. Rovan, *Cuentos de Dachau* (Madrid 2008) 120-121.

la célebre triada: *Leiturgia, Diakonia* y *Martyria*, creo que habría que destacar también la heroica labor de aquellos sacerdotes que, tras vivir la más que traumática experiencia del *Lager*, fueron capaces de retomar una labor pastoral o intelectual tras la guerra. Aquellos sacerdotes habían visto el infierno, habían tocado lo más bajo de la condición humana, lo más sórdido, el *mysterium iniquitatis* y, sin duda, no era fácil volver a la actividad pastoral, animar, consolar, anunciar la buena noticia que brilla más allá de las tinieblas, más allá de las humaredas de los crematorios de los campos de concentración[57]. Es bien sabido que muchos supervivientes del mundo concentracionario sufrieron lo que se ha venido en llamar («la vergüenza de los supervivientes»). Muchos se negaron a contar lo vivido o a hablar de ello porque les parecía que no serían creídos o, peor aún, que no serían escuchados. Otros (y Primo Levi sería el más conocido) se suicidaron pasados decenios de la experiencia del cautiverio en los campos. El drama vivido allí, quizás agazapado en los hondones del alma, en los pliegues de la memoria, aparecía de nuevo bajo diversas formas y traumas, pasado mucho tiempo, pero siempre implacable. No merecía la pena seguir viviendo en un mundo que había concebido algo así...

---

[57]   Se les podrían aplicar los famosos versos de Louis Aragon en su *Chanson pour oublier Dachau*: *Derrière leurs yeux pourtant cette histoire / Cette conscience de l'abîme / Et l'abîme / Où c'est trop d'une fois pour l'homme être tombé...* («Tras los ojos llevaban esta historia, / esta consciencia del abismo/. Y el abismo/ donde caer más de una vez es demasiado para un hombre»).

El hermano Rafael Tijhuis, recibido por san Pablo VI

Por ello, los sacerdotes que volvieron (algunos de ellos incluso con entusiasmo y no poca generosidad) a ejercer una labor pastoral son dignos de admiración y de reconocimiento. Su planteamiento fue el contrario del de los suicidas (¡que era más que comprensible!): el bien vence, la última palabra la tiene Dios y no la muerte, el mal no consigue acabar con la esperanza cristiana incluso cuando ésta se pone a prueba hasta límites insospechados. Por ello, aunque les supusiera algunas críticas y antipatías, varios de ellos mostraron su actitud de perdón o, al menos, de no fomentar el rencor y el odio. El hermano Rafael Tijhuis, un hombre de escasa formación teológica, pero de convicciones evangélicas muy profundas, señalaba lo siguiente algunos años después de su estancia en varias cárceles y, sobre todo, en Dachau:

> *Para nosotros, «supervivientes de Dachau», la experiencia no fue vana. Por espantosa y horrible que llegara a ser, no la querría fuera de mi vida. ¡No podría vivir sin ella! En lo más profundo de mí, quizá más de lo que parezca desde fuera, ha dejado una huella indeleble. Uno aprende a apreciar a la gente y las cosas mucho más que antes, aunque no sea éste el*

elemento más importante. Haber estado en Dachau, per se, no quiere decir mucho. Haber encontrado el modo de profundizar en la propia vida interior y en el ser cristiano significa mucho más. Significa una victoria sobre la sombra del mal y sobre las fuerzas diabólicas de las tinieblas que nos encontramos. A muchos les enfurece oír hablar del campo. Quieren solo venganza y detestan todo lo que sea alemán. No importa lo que hayamos sufrido bajo el yugo nazi: perdonamos; no nos corresponde a nosotros juzgar. Otros se encargarán.

Cuando reflexiono en torno al tiempo de reclusión en el campo y en las tres prisiones a la luz de la fe, ni un ápice de odio o ansia de venganza asoma en mi corazón. Para un cristiano, una cosa debe estar clara: por encima del deseo de revancha rige la ley del amor. Si no practicase el amor por el prójimo y no perdonase a todos, sin tener en cuenta su afiliación política, religión o nacionalidad —especialmente después de todo lo que ha sucedido— traicionaría la oración del Señor[58].

Más aún, como ya hemos apuntado en alguna ocasión, varios sacerdotes polacos que sufrieron años de cautiverio en Dachau fueron después detenidos o atacados por los gobiernos comunistas de la Europa del este. El libro del P. Albert Urbański al que hemos aludido en varias ocasiones (*El clero en Dachau*) fue retirado de varias librerías y fue prohibida la reedición. Hablaba demasiado de libertad y de religión, se había convertido en un libro peligroso. El cardenal Josef Beran, prisionero en Dachau y a quien nos referíamos más arriba, tuvo que soportar un segundo

---

[58]   A. Urbański - R. Tijhuis, *Diarios de Dachau* (Madrid 2022) 301.

período de cautiverio, tras lo cual fue exiliado y se refugió en Roma. Creo que no deja de resultar impactante que un hombre que ha vivido el horror del *Lager* publique pocos años después, ante la represión comunista, una carta titulada *¡No calles, obispo, no puedes callar!* Y lo decía cuando todo (la prudencia humana, el miedo, los traumas del pasado…) invitaba precisamente a callar. Sin duda, se trata de un ejemplo de responsabilidad, de generosidad, de compromiso pastoral y de caridad hacia las nuevas víctimas, más allá de temores y traumas. Su palabra firme y valiente le costó doce años de reclusión en la cárcel de Roslov.

Beato Carlos Leisner

V. ORDENACIÓN DE CARLOS LEISNER

Uno de los hechos más sorprendentes y que dice mucho de lo que significó Dachau desde el punto de vista religioso es la ordenación del beato Carlos Leisner. Nacido en 1915, Leisner ingresó en el seminario de Münster (aunque su familia vivía en Cléveris[59]) y se integró en el naciente movimiento Schoenstatt. La influencia de Von Galen («el león de Münster») y sus prédicas devastadoras contras las políticas nacionalsocialistas en el joven seminarista debió de ser muy grande. Fue ordenado diácono en marzo de 1939, esto es, pocos meses antes de comenzar la guerra. Por un comentario crítico sobre el *Führer* (tras el fallido atentado del 9 de noviembre de 1939), Leisner fue arrestado y —tras pasar por la cárcel de Friburgo y por el campo de

---

[59]   En Cléveris (Kleve) había una prisión en la que pasaría varias semanas san Tito Brandsma, antes de llegar a Dachau. Parece ser que los padres del joven diácono le visitaron o, al menos, intentaron visitarle. Leisner conocía a Brandsma y —como se ha descubierto recientemente— en varias ocasiones antes de la guerra había cruzado la frontera para escuchar sus conferencias en Nimega (ambas ciudades están muy cerca). En una de las vidrieras de la Iglesia de la Asunción de María en Cléveris se representa juntos a Brandsma y a Leisner.

Sachsenhausen— fue internado en Dachau, a donde llegaría en diciembre de 1941. Los años pasados en Dachau fueron minando su salud, ya de por sí bastante frágil. En el campo se sintió muy acompañado por el jesuita Otto Pies, quien, quizás por el hecho de haber sido maestro de novicios antes de ser detenido y, por tanto, por estar habituado a dirigir y acompañar procesos vocacionales, le fue animando a que se ordenara como sacerdote y le fue preparando para ello[60]. Sin embargo, la idea parecía irreal o incluso algo peregrina. El obispo polaco Kozal había fallecido años antes y, por los requisitos canónicos, así como por las rígidas y detalladas normas para el ritual de ordenación (¡además de por la falta de un obispo ordenante!) la idea parecía imposible, aunque la salud de Leisner se deterioraba a ojos vista.

La solución vendría a través de dos personajes providenciales. El primero, al que ya conocemos, fue el obispo Gabriel Piguet, arrestado en mayo de 1944 y deportado a Dachau a primeros de septiembre del mismo año. Al parecer, cuando le fue consultada la posibilidad de la ordenación a Piguet, este accedió con tal de que se siguieran las normas litúrgicas y canónicas y se tuvieran los permisos pertinentes. Y es ahí donde entra el segundo personaje: Josefa Mack (más tarde la hermana María

---

[60] Tras la guerra, Pies divulgaría la vida y el testimonio de Carlos Leisner en un libro con un significativo título: *Stephanus heute. Karl Leisner, Priester und Opfer...* (*Esteban hoy. Karl Leisner sacerdote y ofrenda*). En español puede consultarse: J. López Teulón, *Los mártires de Hitler. Victor in vinculis* (Toledo 1995) 17-55.

Inma), postulante por aquel entonces de las Hermanas de las Escuelas de Nuestra Señora. Se trataba de una muchacha atrevida que (quizás inconsciente del verdadero peligro que corría) hacía de contacto con los sacerdotes prisioneros a través del vivero del *Lager*, donde un SS benévolo (probablemente alistado a la fuerza) hacia la vista gorda y dejaba pasar paquetes y pequeños objetos para los sacerdotes. Pues bien, tras varios contactos y gestiones clandestinas, la joven Josefa Mack (*Mädi*, «la muchacha», como se la conocía entre los prisioneros) consiguió conectar con el cardenal Faulhaber (en cuya diócesis se encontraba el *Lager*) e introducir en el campo los permisos y los óleos para la ordenación[61].

Cuando todo estuvo listo, la ordenación se organizó para el 17 de diciembre. Varios presos confeccionaron rudimentarias vestimentas litúrgicas para monseñor Piguet, quien, tras las lógicas reservas al principio, pareció entusiasmarse con la ordenación del joven diácono enfermo. El obispo francés llegó a afirmar: «No se omitió ningún rito. Recuerdo el fervor y la emoción. Creí estar en la catedral o en la capilla de mi Seminario».

Varios protestantes participaron de los preparativos y compartieron algunos dulces para la precaria celebración posterior al rito litúrgico. Como dato anecdótico (y motivo de sano orgullo para el que esto escribe), la

---

[61]   Lo cuenta ella misma en J. M. Inma Mack, *Por qué me gustan las azaleas* (Bilbao 1990).

estampa-recordatorio de su ordenación fue dibujada por el hermano Rafael Tijhuis, quien escribiría un diario con sus recuerdos del campo y a quien nos hemos referido ya en varias ocasiones.

Nueve días después (el 26 de diciembre, festividad de san Esteban) el neosacerdote celebra su primera y última misa. Tras la liberación por las tropas americanas, fue ingresado en un hospital, cerca de Múnich, pero ya sin esperanzas de salvación. Allí moriría el 12 de agosto de 1945. Las últimas palabras de su diario resumen el que había sido el objetivo y el motor de su vida: *Amor-Caridad-Reparación. Oh, Dios, bendice a mis enemigos.* Carlos Leisner sería beatificado en junio de 1996 por san Juan Pablo II. Su ordenación permanece como un verdadero hito en la historia religiosa de Dachau y como un verdadero testimonio vocacional en las circunstancias más adversas.

VI. DACHAU, ÁMBITO ECUMÉNICO

Un aspecto que quizás pueda sorprender al lector y en el que, en cierto modo, queda reflejada la santidad y el martirio (¡el testimonio de unidad en Cristo!) de algunos prisioneros de Dachau es que, en aquel lugar del horror y de la violencia, en aquel lugar diabólico, se abrió paso un cierto sentimiento ecuménico que posteriormente incluso cristalizaría en ciertas iniciativas en este sentido. Ocurrió en varios campos, pero se dio con más fuerza en Dachau quizás por la presencia de tantos religiosos y por las características de este campo a las que hemos hecho referencia más arriba. En no pocas ocasiones católicos y protestantes, católicos y ortodoxos compartieron momentos intensos y emotivos de oración y de encuentro fraterno.

Son muchos los testimonios que tenemos en este sentido. Guillaume Zeller habla de Dachau como *«un berceau de l'œcuménisme, un laboratoire du dialogue œcuménique»* («cuna de ecumenismo y laboratorio de diálogo ecuménico»)[62]. Jean Kammerer subraya el valor de aquellos

---

[62] G. Zeller, *La baraque des prêtes. Dachau, 1938-1945* (Paris 2015) 236-237.

encuentros ecuménicos y habla incluso de una incipiente «semana por la unidad de los cristianos» que se celebró en enero de 1945, destacando cómo los pastores protestantes obsequiaron con té y dulces a los participantes en la ordenación de Carlos Leisner[63].

Como ya hemos señalado en varias ocasiones, no conviene idealizar la situación del *Lager*, ni ocultar la tensión extrema que allí se vivía y que llevaba en no pocas ocasiones a riñas y peleas. Los clásicos de la literatura concentracionaria cuentan cómo un prisionero en aquellas condiciones extremas podía llegar a matar a alguien por un pedazo de pan. También entre los religiosos que allí estaban recluidos surgían a veces enfrentamientos y discusiones. Por ello, algunos sacerdotes trabajaron por crear un ambiente de unidad, de comunión e incluso de oración. Saverio Clementi nos cuenta en su biografía de Mauro Bonzi (prisionero en Dachau) que allí se ideó una *Fraterna Cleri Unio Catholica* de la que incluso se redactaron unos estatutos en latín. Dicha fraternidad tendría como objetivo unir a sacerdotes de diversos países y lenguas en una comunión espiritual. Esa comunión abrazaría incluso a pastores y sacerdotes de otras confesiones cristianas:

> *Se afirmaba así la necesidad de abrir nuevos y más anchos horizontes a su apostolado futuro en un mundo trastornado por la guerra. El proyecto (...), quizás demasiado ingenuo, no fue llevado a cabo, pero cada uno de los sacerdotes, veteranos prisioneros de Dachau, lleva aquel espíritu*

---

[63] J. Kammerer, *La baraque des prêtes à Dachau* (Paris 1995) 14, 102-110.

en su corazón. El deseo de la unión era en realidad agudo y profundo en todos los eclesiásticos —católicos, ortodoxos, protestantes— arrojados por el odio nazi en un solo crisol de sufrimientos inauditos.

La forzada convivencia de exponentes de diversas confesiones cristianas favoreció, sin duda, el conocimiento recíproco y contribuyó a cancelar atávicos prejuicios que desde hace siglos condicionaban la relación entre las iglesias. Todo aquello supuso un impulso a la renovación que, después de la guerra, se habría impuesto determinante en el interior del mundo católico (...). El padre Carlo Manziana subrayaba que «el encuentro cosmopolita, interconfesional y más allá de partidos que se dio en Dachau adelantó temas que serían afrontados posteriormente en el Concilio Vaticano II». El sacerdote [Carlo Manziana], ya siendo obispo de Crema, participó en la asamblea vaticana con otros veteranos del Lager y todos ellos llevaron allí su experiencia de defensa incansable de una humanidad ofendida, así como de gran esperanza para el futuro. Los Padres Conciliares escucharon con gran atención su testimonio...[64]

Aunque el proyecto no llegó a cuajar, no deja de ser significativo en cuanto a cierto espíritu de unidad, incluso ecuménica, que se vivió en el *Lager* y en cuanto al ansia de unidad que brotaba entre las ruinas y las cenizas.

Quizás una anécdota sencilla pero muy expresiva, puede sintetizar muy bien este ecumenismo: en las primeras horas tras la liberación del campo, en medio de la agitación, los abrazos, las lágrimas, el horror por los cadáveres aún amontonados, en medio de toda aquella vorágine y tras

---

[64] S. Clementi, *Un prete nell'inferno di Dachau: Don Mauro Bonzi* (Cinisello Balsamo 2018) 71-73 (traducción mía).

años de cautiverio cruel, surgieron también oraciones espontáneas. Así lo cuenta Nerin E. Gun:

> *Un oficial, con una cruz plateada en su casco, saltó a un jeep, y, en un mal alemán, anunció:*
> *—Debemos rezar, hermanos, debemos darle gracias al Señor por esta hora... y luego continuó en latín.*
> *Podía ser oído desde muy lejos, ya que en aquel momento nadie osó turbar el silencio, y su voz, transportada por el viento nocturno, acarició nuestros corazones. Algunos se arrodillaron para rezar, otros escondieron el rostro entre las manos, sollozando. Incluso los rusos rezaban, tratando de imitar a sus vecinos con el signo de la cruz. Después el capellán pronunció su bendición, cuatro veces, hacia los cuatro ángulos del campo*[65].

Un autor de la talla de Jean Guitton dedica varias páginas al tema en un diario ecuménico en el que recuerda a los grandes personajes de la historia del ecumenismo en el siglo XX (Halifax, Hermano Roger, cardenal Mercier) y destaca la importancia que tuvo la dramática experiencia de los *Lager*, donde incluso se llegó a celebrar de modo clandestino la semana de la unidad de los cristianos. Dice J. Guitton al respecto: *el mismo Cristo es quien es reconocido de una parte y de otra como único Señor, y a nadie se le ocurre poner en duda que la unidad de los cristianos en Cristo es, por encima de todo, deseable*[66].

---

[65]   Nerin E. Gun, *Dachau. Testimonio de un superviviente* (Madrid4 1976) 21-22.

[66]   J. Guitton, *Diálogo con los precursores* (Madrid 1963) 159. Lo destacaba también el cardenal Fernando Sebastián en una interesante conferencia impartida en Málaga sobre *La Génesis del Vaticano II* [«La génesis del concilio Vaticano II», por Mons. Fernando Sebastián

Tito Brandsma participó de ese «ecumenismo de catacumbas». No se trataba solamente de una relación de fraternidad cristiana, de caridad o de solidaridad, sino del gozo hondo y esperanzado de poder compartir el señorío de Cristo en ese reino del mal, de la barbarie, de las tinieblas y de la muerte que era el mundo de los campos de concentración.

Muchos años más tarde, el papa san Juan Pablo II al comienzo de la *Ut Unum sint*, se referiría a este ecumenismo del martirio con palabras muy hermosas:

> *El valiente testimonio de tantos mártires de nuestro siglo, pertenecientes también a otras Iglesias y Comunidades eclesiales no en plena comunión con la Iglesia católica, infunde nuevo impulso a la llamada conciliar y nos recuerda la obligación de acoger y poner en práctica su exhortación. Estos hermanos y hermanas nuestros, unidos en el ofrecimiento generoso de su vida por el Reino de Dios, son la prueba más significativa de que cada elemento de división se puede trascender y superar en la entrega total de uno mismo a la causa del Evangelio...*

- YouTube]. *En los campos de concentración convivieron católicos con protestantes, cristianos con ateos, y en esas experiencias fuertes de la guerra, hubo como un acercamiento profundo entre los hombres de diversas procedencias. Los católicos (...) descubrieron la buena voluntad de muchos no católicos. Protestantes y católicos vieron lo ridículo de nuestras diferencias frente a las tragedias de la humanidad. ¿Por qué no estamos juntos? ¿Por qué no trabajamos juntos por este mundo? ¿Por qué no hablamos más de nuestros problemas, los cristianos y los ateos si todos somos hombres, si todos buscamos el bien, si todos tenemos la nostalgia de Dios en el corazón?*

No sorprende, por tanto, que en el proceso de beatificación del P. Tito Brandsma hubiera testimonios de varios protestantes que compartieron su cautiverio con nuestro carmelita. En este sentido, merece ser destacada en primer lugar la relación tan profunda que estableció con los dos jóvenes protestantes que compartieron celda con él en su segunda estancia en Scheveningen: Cornelio de Graaft y Guillermo Oostdijk. Con ellos compartió larguísimas charlas en medio de la tediosa vida carcelaria e incluso llegaron a tener sus pequeñas celebraciones ecuménicas los domingos. Los dos jóvenes quedaron profundamente impactados por la amabilidad y la piedad del P. Tito. En la declaración de uno de ellos (Cornelio de Graaft) en el proceso de beatificación se señala:

> Estoy convencido de que era un hombre extraordinario y de que ahora está en el cielo (…). Tengo la firme convicción de que murió como un mártir por su fe[67].

No es este el único testimonio de protestantes que compartieron con él estos momentos terribles. Otros miembros de diversas confesiones que convivieron con Brandsma en las diversas cárceles y campos de concentración por los que pasó testimoniaron también con un ejemplar y conmovedor espíritu ecuménico. De hecho, fue también un protestante (un cierto señor Bleker, como

---

[67]   Traduzco del italiano este testimonio y los siguientes, tomados del *Summarium super dubio* (Buscoducen) de 1979 de la causa de Tito Brandsma.

cuenta Gatske de Boer Brandsma, la hermana del P. Tito, en el proceso) el que llevó a la familia el famoso retrato que le había hecho en Amersfoort el pintor John Dons (quien sería fusilado pocas semanas después). El señor Bleker *hizo muchos elogios del siervo de Dios* y les habló de una especie de «conferencia» sobre Geert Groote que el profesor Brandsma había dado en el *Lager*. Pero quizás los dos testimonios más significativos de esa relación fraterna que san Tito estableció con miembros de otras confesiones cristianas sean los de Anne Sape Fogtelo y el de Jacobus Overduin. El primero es un menonita que coincidió con Tito Brandsma tanto en Scheveningen como luego en Amersfoort. Fogtelo señala que el P. Tito le causó una honda impresión y destaca, sobre todo, cómo mantenía la serenidad y el trato gentil, educado, agradable con todos, incluidos los guardianes del campo. Su testimonio es muy hermoso:

> *Cuando alguien se comporta así en un ambiente de este tipo, debe ser un hombre espiritualmente fuera de lo común (…). He visto miles de prisioneros, pero él dejó en mí una impresión muy profunda (…). Es muy conocido en mi ambiente, incluso entre los protestantes. Yo lo considero un mártir: una persona que sufre por sus principios y por su sacerdocio. Sería fácil imaginar su figura y su convicción en los tiempos de las persecuciones de los cristianos. En aquella época habría muerto contento por el cristianismo. Cuando oí hablar del proceso de beatificación, he escrito rápidamente para poder declarar. Espero poder contribuir en algo para que esta noble figura tenga el puesto que le corresponde…*

San Tito Brandsma, en uniforme de presidiario,
pintado por John Dons

El segundo testimonio corresponde a uno de los pastores protestantes (Jacobus Overduin) que Brandsma encontró en el campo de Dachau y que fueron invitados a declarar después en el proceso de beatificación por el P. Adriano Staring, vicepostulador de la causa. El testimonio no puede ser más significativo y fraterno, ya que, por una parte, muestra sus reservas respecto a las beatificaciones y canonizaciones (en la mejor tradición reformada contraria a «méritos» o «intercesiones»), pero, por otra, reconoce el ejemplo del P. Tito y bendice a Dios por ello:

> *Reverendo y doctísimo Señor Staring:*
> *Ya en vuestra carta habéis señalado que nosotros como reformados tenemos ciertas reservas respecto a las beatificaciones y canonizaciones especiales. Esto no impide, sin embargo, que os mande gustosamente algunas impresiones. No he tenido un contacto muy estrecho con el P. Tito, como lo tuvo, por ejemplo, el otro Pastor Protestante, Hindelopen de Amstelveen. Si no me equivoco, estaban los dos en el mismo transporte que los llevaba de Amersfoort a Dachau. Más tarde he tenido algo más de contacto, aunque él estaba más próximo a Arnold van Lierop, capellán de la Organización católica de la prensa (...). De lo que sigue puedo ofrecer total garantía: todos los colegas hablaban con gran estima y respeto de Tito Brandsma. Su conocido poema refleja su plena confianza en Dios (...). Recuerdo todavía que lo encontré en el baño uno o algunos días antes de su muerte. En aquel momento sabía que tenía que partir. Estaba en plena paz y resignación. Me regaló sus últimos cigarros. Muchas más noticias no le puedo contar. Puedo confirmar, sin embargo, todo aquello que usted ya sabe. Finalmente, como Pastor Protestante, puedo testimoniar que Tito Brandsma era un hijo de Dios por la gracia de Jesucristo. Espero volver a verlo en el cielo...*

VII. LA CARIDAD PUESTA A PRUEBA: LA EPIDEMIA DE TIFUS

Aunque el P. Tito Brandsma y muchos otros protagonistas de esta historia no llegaron a vivir este período, conviene destacar que los últimos meses antes de la liberación de Dachau fueron realmente terribles a causa de la epidemia de tifus que causó estragos entre los prisioneros. No fue la primera, ya en 1942 hubo otra epidemia que se pudo controlar. Pero a finales de 1944, cuando se detectaron los primeros casos, el *Lager* era un verdadero caos: sobrepoblado (los reclusos quintuplicaban la cifra oficial de prisioneros que cabían en el mismo), con un continuo movimiento de grupos que salían o llegaban a veces sin sentido, con una cierta relajación de la disciplina que, paradójicamente, provocaba a veces reacciones inesperadas y arbitrarias por parte de los SS y de los *kapos*, y con un nerviosismo generalizado entre las autoridades de Dachau que intuían la derrota de Alemania, que cada vez veían más cercanos y volando más bajo los aviones americanos, que recibían ordenes contradictorias desde Berlín y que querían destruir las pruebas de lo que allí se había vivido durante años. A todo ello habría que añadir la actitud (fanática, irracional, fuera de la realidad) de algunos SS irreductibles que no pensaban que la derrota del glorioso *III Reich* fuera posible y que estaban dispuestos a cuantas crueldades fueran necesarias si suponían que con ello ayudarían a la victoria final (en la que ya casi nadie creía). En medio de ese caos llegaron varios convoyes de prisioneros de otros campos. Muchos de ellos venían muy enfermos, famélicos o incluso ya cadáveres. No es difícil imaginar que en esas condiciones el tifus se extendiera sin control alguno por todo el *Lager*. Al principio, las autoridades aislaron un barracón para los enfermos y moribundos (al que los prisioneros, en la jerga del campo, llamaban «el ataúd»), pero poco a poco se fueron dedicando más barracones que se aislaban para intentar parar los contagios[68]. Los SS y los enfermeros (muchos de ellos, simples prisioneros que, sin formación alguna, habían sido destinados a ese trabajo) no se acercaban siquiera a los contagiados. Los cuerpos de los fallecidos podían estar hasta dos y tres días en los barracones o amontonados en montañas de cadáveres en medio de las calles del campo, hasta que

---

[68] Quizás el que mejor ha reflejado cómo fue extendiéndose la epidemia, desde los primeros casos hasta la terrible situación en los días de la *Befreiung*, sea Nico Rost, dado que este trabajaba en la enfermería y conoció directamente los estragos de la enfermedad. Cf., N. Rost, *Goethe en Dachau* (s.l.e. 2018) 91, 206-208, 234-236, 248-250, 265, 294-295, 310. Véase también: S. Zámečník, *That was Dachau 1933-1945* (Dachau 2003) 349-351.

un grupo encargado de ello los llevaba al crematorio. Más aún, dada la altísima tasa de mortandad, el crematorio no daba abasto y el espectáculo era terrible: cadáveres semicongelados amontonados junto al edificio del crematorio. En 1942, junto al viejo crematorio, se había construido uno con más capacidad, pero ni siquiera este era capaz de «asumir» el número de cadáveres. Otro grupo de prisioneros se encargaba de revisar los cadáveres para ver si tenían algo de valor, especialmente los dientes de oro que eran muy apreciados. Dado que la moneda se había devaluado totalmente, el oro era un valor seguro. Pero ello provocaba nuevos contagios. En definitiva, como lo definió algún prisionero, aquellos bloques dedicados a los enfermos y agonizantes venían a ser un verdadero pandemónium, «un infierno dentro del infierno».

Pues bien, fue en ese marco terrible en el que con una fuerza realmente sobrenatural surgieron ejemplos sublimes de santidad. Varios sacerdotes, sobre todo polacos, vivían con preocupación el hecho de que muchos de aquellos prisioneros murieran sin atención espiritual, sin sacramentos, sin la más mínima dignidad humana y por ello se ofrecieron, muchas veces ante las burlas de los guardianes, a atender espiritualmente a los moribundos. Ello significaba un más que probable contagio y, por tanto, la muerte.

Pongamos un ejemplo que resume la actuación verdaderamente martirial de aquellos sacerdotes. Tanto en los documentos del proceso de beatificación del sacerdote diocesano Esteban Frelichowski, como en el diario de Albert Urbański, sacerdote carmelita, se nos cuenta lo que sucedió exactamente. Fue Frelichowski quien señaló a Urbański la conveniencia de ir a atender a los enfermos de tifus que morían abandonados, incluso aunque ello supusiera poner en riesgo la propia vida. Urbański lo consultó entonces con el que era su prior, Hilario Januszewski, también prisionero en Dachau, quien —quizás prudentemente— se lo desaconsejó. Fue entonces cuando Frelichowski habló directamente con el P. Hilario y le convenció, hasta tal punto que él mismo, poco después, se ofreció voluntario y falleció poco antes de la liberación de Dachau. Ambos, Frelichowski y Januszewski serían beatificados por san Juan Pablo II en 1999, el primero en Torun y el segundo en Varsovia, junto a más de cien mártires polacos.

Beato Esteban Vicente Frelichowski

Dejemos la palabra al propio Urbański quien en su diario lo describe con un realismo rayano en la crudeza, pero muy útil para calibrar el grado de heroicidad de aquellos sacerdotes:

Todos los bloques impares, a excepción del hospital, estaban ocupados por los contagiados de tifus. Al poco tiempo, cerraron, también, el bloque 30. Entonces, los sacerdotes, desde el bloque 28, podían ver cada día la cosecha de la muerte. En el bloque 30, al lado del 28, morían diariamente unos 40 prisioneros.

Los sacerdotes, viendo los cadáveres que sacaban cada día de las habitaciones del bloque contiguo, conscientes de que era materialmente imposible hacer algo por ellos, se preocuparon, sobre todo, del estado de las almas inmortales. «¡Ojalá se pudiera ir donde ellos y administrarles el Viático y la Unción de los Enfermos!» –pensaba más de uno–. ¿Pero no es esto una locura? Porque todos los que entraron en ese bloque no han vuelto a salir ya jamás... Todos, sistemáticamente, después de algunos días, se infectaban y morían. Ir donde ellos significaba contagiarse de la inevitable muerte.

Pero ¿qué significa la muerte del cuerpo en comparación con la salvación de una sola alma? Por esto, algunos sacerdotes se presentaron voluntariamente para ir a los bloques ocupados por los enfermos de tifus y diarrea, conscientes de que, entrando por la puerta de la cuarentena, se despedían de este mundo. En efecto, todos excepto don Kubica se contagiaron y sufrieron una grave enfermedad de tifus. Don Frelichowski y el P. Hilario Januszewski sellaron su servicio sacerdotal con la muerte (...).

Jesús Eucaristía llegó a estos esqueletos moribundos, a los apestados y abandonados del mundo entero, ahora, aquí, prisioneros, y los hizo libres. Una libertad que ya nunca más ninguna violencia humana ni diabólica podrá perturbar. Y todo esto en el lugar de dominación de los paganos omnipotentes y despóticos hitlerianos. El hecho de acercarse a estas personas en tales condiciones despertaba en el corazón los más profundos sentimientos de admiración por su inmenso amor, tan evidente y eficaz.

Cristo oculto bajo la especie del pan, que la mano del sacerdote tomaba de una miserable cajita, descendía hasta el alma del hombre despreciado externamente y abandonado sin límites. Este panorama confirmaba la convicción de que Él es el verdadero Omnipotente, que realmente los amó hasta el extremo...[69]

Beato Hilario Januszewski

Este fue el panorama que encontraron los jóvenes soldados de la 45 división de infantería americana. Más aún, cuando, vencida la resistencia de los últimos SS, y tras intentar calmar la marea de prisioneros que casi como un fantasmal desfile se dirigían hacia ellos, los soldados descubrieron un tren con varios vagones llenos de cadáveres, entre los que se movían aún algunos agonizantes. Ese espectáculo fue tan terrible que los soldados, como es bien sabido, fusilaron inmediatamente a varios de los SS que tenían prisioneros.

---

[69] A. Urbański - R. Tijhuis, *Diarios de Dachau* (Madrid 2022) 169-170.

VIII. INCORPORACIÓN A CRISTO: MÍSTICA DEL MARTIRIO

Dadas las condiciones del *Lager* que acabamos de describir en el apartado anterior, sobre todo a raíz de la terrible epidemia de tifus de los últimos meses, no era raro ver en Dachau cadáveres abandonados durante días o incluso montañas de cuerpos hacinados esperando su turno en el crematorio. El olor dulzón y macabro del humo que continuamente salía de las chimeneas impregnaba todo el campo.

Algo de este panorama terrible quedó reflejado en los célebres dibujos del pintor esloveno Zoran Mušič («el pintor de Dachau», como a veces se le ha llamado), quien consiguió hacerse con unos trozos de papel grasientos y con unos lápices y se dedicó a dibujar aquellos cuerpos famélicos, agonizantes, seres humanos reducidos a su mínima expresión, rostros que miran hacia el cielo con una mueca final de derrota y de súplica, brazos y piernas que se retuercen en una macabra danza de horror y sufrimiento, cadáveres colgados y amontonados... Más de cien bocetos en los que el autor, de forma casi compulsiva, quiso reflejar el horror de los meses finales de Dachau.

En alguna ocasión me he atrevido a sugerir una cierta conexión espiritual (mística, me atrevería a decir) entre Tito Brandsma y Zoran Mušič[70]. Cierto es que ambos personajes nunca se encontraron ni se conocieron. Mušič llegó a Dachau cuando Brandsma llevaba ya más de dos años muerto. Además, durante sus vidas, ambos frecuentaban ambientes diversos, provenían de ámbitos culturales muy distintos y tenían procedencias y actividades muy diferentes. Pero ambos coincidieron de otro modo: en el horror del *Lager*. Mušič, casi sin saberlo, se identificó en Dachau con la figura tradicional de la Verónica, plasmando, no en un paño, sino en una serie de cuartillas sucias, grasientas y manoseadas, el rostro del Cristo sufriente fundido con el de la humanidad sufriente. Es el eterno *viacrucis* que una humanidad lacerada por la violencia y el odio sigue recorriendo día tras día.

Tito Brandsma escribió dos comentarios a las estaciones del viacrucis a lo largo de su vida. El primero lo escribió para la revista *Opgang*, en unas circunstancias muy curiosas. Un carmelita descalzo, Jerónimo de la Madre de Dios, había encargado al pintor expresionista belga Albert Servaes que pintara las catorce estaciones del *viacrucis*. La obra de Servaes (que hoy se encuentra en la abadía de Koningshoeven en Tilburg, en los Países Bajos) causó no poco estupor. La sensibilidad de la época no estaba preparada

---

[70]   F. Millán Romeral, *El Padre Tito Brandsma... la santidad de la humanidad*: Fonte 3 (2006) 77-100 (especialmente el apartado titulado *La gracia de Dios entre dos pintores*).

para este tipo de arte de vanguardia. La polémica se fue enconando hasta llegar a implicar a personalidades de la categoría de Jacques Maritain, del cardenal Mercier, de Réginald Garrigou-Lagrange o de Laurentius Jansens, abad de Maredsous (que, al parecer, fue uno de los más duros críticos de la obra)[71]. Finalmente, el Santo Oficio decretó que las estaciones del *viacrucis* de Servaes no fueran expuestas en lugares de culto[72]. No sabemos cómo, pero el caso es que el P. Tito se vio involucrado en la controversia. Recomendó a Servaes y al P. Jerónimo que acataran la orden de la Santa Sede, pero él mismo escribió un hermoso comentario a cada una de las estaciones que sería publicado en el primer número de la revista *Opgang*.

El segundo comentario al *viacrucis* lo escribió Brandsma en circunstancias más complicadas si cabe, en la prisión de Scheveningen, cerca de La Haya. Tras su detención el 19 de enero de 1942 Brandsma estuvo encerrado en una lóbrega y fría celda de dicha cárcel. Allí, el profesor se puso manos a la obra para terminar algunos

---

[71] Cf., L.M.A. Schoonbaert, *Albert Servaes and the Luythagen stations of the Cross*, en: Aa.Vv., *Ecce homo. Schouwen van de weg van liefde / Contemplating the way of love* [J. Huls, ed.] (Leuven 2003) 49-73.

[72] Puede verse en Acta Apostolicae Sedis XIII (1921-5) 197. La prohibición de exponer la obra se basaba en el canon 1399-12 (del Código piobenedictino de 1917), en el que se señalaba: la prohibición (entre muchas otras cosas) de *las imágenes de cualquier modo impresas de Nuestro Señor Jesucristo, de la Bienaventurada Virgen María, de los Ángeles y Santos o de otros Siervos de Dios, opuestas al sentido y a los Decretos de la Iglesia.*

trabajos pendientes como una biografía de Santa Teresa, un diario, una descripción de su celda, un poema, etc., y, entre ellos, un comentario al *viacrucis* que habían encargado para el santuario de San Bonifacio en Dokkum, en el lugar donde, según una antigua tradición, habría muerto lapidado el evangelizador de la Frisia, mientras se protegía con la Escritura. Curiosamente, de este segundo *viacrucis* se conserva solo el comentario a trece de las estaciones, faltando, por tanto, la última que quizás se perdiese o quizás nunca fuese escrita por cualquier motivo. Curiosamente, en el *viacrucis* personal del P. Tito faltaría también esa decimocuarta estación, porque los presos del *Lager* se les privaba incluso de ese último descanso en la tierra y sus cuerpos eran incinerados y reducidos a la nada y al anónimo total.

En cualquier caso, llama la atención ese interés de Brandsma por el *viacrucis*. Asimismo, en un célebre poema que el P. Tito escribió también en la celda de Scheveningen, el autor muestra esa intimidad con el Cristo sufriente, con el *varón de dolores*, con aquel *ante quien se vuelve el rostro*. Los expertos en espiritualidad descubrirán en estos textos del carmelita frisón la influencia de la *Devotio Moderna* (en la que Brandsma era un experto) o de Santa Teresa de Jesús, cuyas obras había colaborado a traducir al neerlandés, y por la que sintió siempre una admiración intensa. Creo que merece la pena reproducir este poema con el que tantas personas siguen orando hoy en día en momentos de dificultad o de desamparo:

Cuando te miro, buen Jesús, advierto
en ti el calor del más querido amigo,
y siento que, al amarte yo, consigo
el mayor galardón, el bien más cierto.

Este amor tuyo —bien lo sé— produce
sufrimiento y exige gran coraje;
mas a tu gloria, en este duro viaje,
solo el camino del dolor conduce.

Feliz en el dolor mi alma se siente;
la Cruz es mi alegría, no mi pena;
es gracia tuya que mi vida llena
y me une a ti, Señor, estrechamente.

Si quieres añadir nuevos dolores
a este viejo dolor que me tortura,
fina prueba serán de tu ternura,
porque a ti me asemejan redentores.

Déjame, mi Señor, en este frío
y en esta soledad, que no me aterra:
a nadie necesito yo en la tierra
en tanto que Tú estés al lado mío.

¡Quédate mi Jesús! Que, en mi desgracia,
jamás el corazón llore tu ausencia:
¡que todo lo hace fácil tu presencia
y todo lo embelleces con tu gracia! [73]

De algún modo, ambos personajes (Brandsma y Mušič), en momentos muy diversos, supieron captar la hermosura

---

[73] Utilizo la traducción española del carmelita Jesús María Carrión Casaldeiro, un tanto libre respecto al original neerlandés en cuanto la versificación, pero muy hermosa.

de la humanidad sufriente, no por un morbo malsano, ni por un masoquismo tan incomprensible como absurdo, sino porque descubren en ello algo que trasciende al sufrimiento mismo, algo sin lo cual el sufrimiento nos abocaría al sinsentido y a la desesperación. O, dicho de otro modo, en ambos coinciden (de forma muy diversa y con puntos de vista muy diversos, repitámoslo) la compasión y la contemplación. Dejemos la palabra a estos dos místicos compasivos:

¡Cuánta elegancia trágica en esos cuerpos frágiles! ¡Cuánto celo por no traicionar esas formas finas, para llegar a plasmarlas tan bellas como las veía, reducidas a lo esencial! (...) Ese universo de la insensatez ¿era acaso un purgatorio? Después de la visión de los cadáveres, despojados de todas las exigencias exteriores, de todo lo superfluo, desprovistos de la máscara de la hipocresía y las distinciones con las que se cubren los hombres y la sociedad, creo haber descubierto la verdad[74].

Qué delicadeza por tu parte, Oh Jesús, a lo largo del camino de la cruz, el dejarnos tu divino rostro como un recuerdo de tu sufrimiento, con el velo con el que una buena mujer quiso secar tu cara. Ojalá quedase este rostro grabado profundamente en mi memoria para que pueda siempre ver frente a mí tu sufrimiento como un ejemplo (...). Oh, Jesús, tierno y humilde de corazón, transforma nuestro rostro y hazlo semejante al tuyo[75].

---

[74]   Frase del artista recogida en el estupendo catálogo de la Galería Jorge Mara: *Zoran Mušič* (Madrid 1996) 37. Véase el interesante prólogo de J. Semprún titulado *Yo lo ví* (págs. 9-29).

[75]   Traducción nuestra de la edición italiana: Tito Brandsma, *Bellezza del Carmelo* (Roma 1994) 121-143.

Durante los años siguientes, la pintura de Mušič fue evolucionando hacia otros temas (las barcazas cargadas de ganado, recuerdo de su niñez, las llanuras de Dalmacia, autorretratos, fachadas...). Pero hacia 1970, por una de esas extrañas y misteriosas decisiones del espíritu humano, Mušič vuelve al tema de Dachau y, basándose en sus dibujos de entonces, elabora la serie que lleva por título *Nous ne sommes pas les derniers* (Nosotros no somos los últimos)[76]. Aún tras la evolución de su pintura, se esconde el horror el *Lager* y los recuerdos atormentados de aquella experiencia terrible.

Pero esa identificación de la humanidad lacerada con el Cristo sufriente no llevó a la mayoría de los sacerdotes de Dachau a la desesperación o al desánimo. En la incerteza y en el desorden de los últimos días del *Lager* que podrían haber provocado una masacre sin precedentes hubo también esperanza, promesas, futuro. Por todo el campo corría el rumor de que antes de abandonar el campo, los SS asesinarían con lanzallamas a todos los prisioneros. Años después se supo que el gobierno de Berlín así lo había ordenado: no debía quedar ningún prisionero con vida. Los sacerdotes polacos iniciaron entonces una novena a san José (que terminó pocos días antes de la fecha programada para la masacre, el 29 de abril) e hicieron un voto: peregrinarían regularmente al santuario de San José de Kalisz.

---

[76]   Se conservan poco más de una treintena de los doscientos que hizo. Cf. al respecto. F. Millán Romeral, *Zoran Mušič... No somos los últimos*: Escapulario del Carmen 93 (1996) 210-212.

Realmente la liberación tuvo algo de milagro, ya que el primer comando americano que llegó a las alambradas del campo lo hizo casi por equivocación y, sin saberlo, quizás habían salvado la vida de miles de personas de una masacre tan cruel como inútil. Por ello, la Conferencia Episcopal de Polonia declaró el 29 de abril como el Día nacional del martirio del clero polaco bajo los regímenes nazi y comunista, en el santuario de Kalisz se abrió una capilla dedicada a los mártires de Dachau y un pequeño museo con objetos religiosos que allí se usaron, y los sacerdotes polacos supervivientes de Dachau se han venido reuniendo regularmente durante años en este famoso santuario josefino, agradeciendo la poderosa intercesión de san José, que fue también guardián y custodio de aquellos desgraciados que estaban al borde del abismo tras años de privaciones y sufrimientos. Al parecer el último superviviente de los sacerdotes polacos falleció en 2013, a la edad de cien años.

Aunque es el ejemplo, sin duda, más llamativo, y los encuentros de los sacerdotes polacos supervivientes de Dachau en el santuario de Kalisz debieron ser realmente conmovedores, no es este el único ejemplo de devoción josefina en Dachau. Muchos sacerdotes se encomendaron al *Redemptoris Custos*, precisamente allí donde la redención podría parecer más frágil o más lejana. Baste como ejemplo lo que recomienda Tito Brandsma a su hermano Enrique, franciscano, en una carta escrita desde la cárcel de Cléveris, el 3 de junio de 1942, pocos días antes de ser deportado para Dachau:

Están intentando todavía que me internen en uno de nuestros conventos en Alemania, como le han permitido al párroco Bulters, con la obligación de permanecer en Verray, pero parece difícil que esto llegue a conseguirse. Yo lo he puesto todo en manos de San José, que llevó a la Virgen y al pequeño Jesús de Egipto a Nazaret. Como Jesús y la Virgen me confío a su intercesión. Únete tú también a mis oraciones.

IX. SANTIDAD PERCIBIDA: MARTIRIO Y TESTIMONIO

Un aspecto que considero muy significativo del martirio de aquellos sacerdotes en Dachau es el carácter de testimonio, de ejemplo, e incluso de ánimo y consuelo que supuso para muchos prisioneros. Hablar del martirio como testimonio es casi un pleonasmo, puesto que ese es su sentido primigenio y su significado etimológico. No obstante, conviene recordarlo. Como hemos indicado en varias ocasiones, no queremos mitificar la vida de los sacerdotes en el *Lager*: hubo pecado, egoísmo, miserias humanas promovidas por el mismo sistema concentracionario que las fomentaba. Jean Kammerer, sacerdote y prisionero, cuenta que llegó a escribir un artículo en 1965 para la revista *Témoignage Chrétien* bajo el título: *Homo homini lupus, sacerdos sacerdoti lupissimus*[77]. Nico Rost, desde posiciones más alejadas de la Iglesia, se muestra sin embargo más comprensivo y quizás más maduro en su juicio. Tras señalar unos ejemplos negativos de algunos sacerdotes

---

[77]   J. Kammerer, *La baraque des prêtes à Dachau* (Paris 1995) 79.

del Bloque 26, y tras dar a entender indirectamente que la propaganda de los *kapos* estaba destinada a desacreditar (entre otros grupos, como los militares de graduación) a los religiosos, el comunista holandés señala:

Aunque también en otros Blocks he tenido que constatar a menudo la egoísta mezquindad y, por el contrario, entre los religiosos, también he visto mucho abnegado altruismo. No, el Block 26 no es un conjunto cerrado. Al fin y al cabo, lo que hay aquí son, simple y llanamente… ¡humanos! ¡Hombres con todos sus rasgos humanos, los buenos y los malos! Aquí hay desde párrocos y capellanes sencillos, y con pocas luces, a curas jesuitas con conocimientos asombrosos de los ámbitos más diversos (…). El padre Rootkrans de Südlimburg, que visita a los pacientes de tifus a diario en la Revier y les da su último mendrugo de pan es para mí ¡medio santo! (…).

Padeció mucho mi «curé» antes de llegar aquí; pero sigue siendo tan combativo, tan inquebrantable y fuerte en su fe en el bien, tan solidario, tan sabio y tan humano… y, no obstante, allí está, en el (¿con o sin razón?) tan desacreditado Block 26, el «Geistlicherblock»[78].

Efectivamente, los SS y los *kapos* propagaban rumores acerca de los sacerdotes y de sus supuestos privilegios para crear inquina y división entre los presos. También algunos sacerdotes en momentos determinados se dejaron llevar por la tentación del egoísmo o por la búsqueda angustiosa de «salvar el pellejo» a cualquier precio. Era algo muy común en el *Lager* y se daba incluso entre miembros de una misma familia. Por poner un ejemplo al margen del

---

[78]   N. Rost, *Goethe en Dachau* (s.l.e., 2018) 200-202.

ambiente religioso, Elie Wiesel (un clásico de la literatura concentracionaria) cuenta en su obra *La Noche* varios casos en los que hijos y padres llegaban a pelearse por un mendrugo o por las mondas de las patatas, y recuerda situaciones en las que los hijos (él mismo) se sentían aliviados cuando el padre o un familiar anciano moría, porque no debían tener cuidado de él en medio de las penalidades y trabajos del *Lager*. Tampoco entre los sacerdotes faltaron situaciones tristes y lamentables.

Pero, como afirma san Pablo, «donde abundó el pecado sobreabundó la gracia» (Rm 5,20) y los ejemplos de santidad, de generosidad heroica, de perdón y de reconciliación, de entrega de la propia vida fueron abundantísimos... Y ese testimonio brilló y alumbró a muchos prisioneros. Pongamos dos ejemplos bastante significativos, puesto que no pertenecen al ámbito estricto de lo religioso o de lo eclesial, por lo que su testimonio de la vida de los sacerdotes de Dachau es si cabe más valioso.

El primer ejemplo sería el de Robert Antelme, quien, pese a situarse ideológicamente lejos de lo cristiano o de lo religioso, captó algo de esa santidad sorprendente, paradójica, *sub contrario*... una santidad que emerge humilde pero grandiosamente de un trasfondo, de un *retroscena*, oscuro y perverso. Antelme intuye que el *myterium iniquitatis*[79],

---

[79]   De hecho, también Jorge Semprún en *La escritura o la vida* (Barcelona 1995) señala que el sentido del mal es el tema fundamental, el gran interrogante que se activa en los campos de concentración. Partiendo del libro de Kant *La Religión dentro de los límites de la mera*

pese a ser poderoso, no es capaz de anular totalmente al *mysterium lucis* que se entreve (gloriosamente) por las rendijas y las grietas de la realidad.

Así, el escritor francés percibe (ciertamente sin precisión, sin un lenguaje teológico) la grandeza moral de la «liturgia» del ciego que comparte el trozo de pan que le quedaba, dividiéndolo con mimo, con parsimonia, con cuidado para que todos pudieran comer una parte. Antelme señala del ciego: *era poderoso, una madre*[80]. Asimismo, hablando de Jacques, otro prisionero cualquiera cuyo estado de salud anunciaba que le quedaba poco de vida y que, sin embargo, mantenía una dignidad moral que impresiona al escritor, este señala:

> *Nunca ha querido y nunca querrá traficar en lo más mínimo con un capo para poder comer, y a quien los capos y los matasanos odiarán cada vez más porque está cada vez más delgado y su sangre se pudre, Jacques es lo que en religión se llama un santo. Nadie había pensado jamás, en su casa, que podía ser un santo. No esperan a un santo, sino a Jacques, al hijo, al novio*[81].

Robert Antelme intuye que la victoria del bien se esconde tras su aparente derrota. La victoria del bien es la de mantenerse hasta el final, la de no sucumbir al mal,

---

razón, Semprún ve en Buchenwald el mal radical, el mal absoluto (*das radikal Böse*) y se pregunta si es algo inhumano, o profundamente humano, si es solo la consecuencia de la libertad o algo con entidad propia.

[80]   R. Antelme, *La especie humana* (Madrid 2001) 84-85.

[81]   Ib., 91.

pese a los tormentos, la enfermedad, la podredumbre, los castigos, la humillación continua[82]. Jacques, otros prisioneros anónimos, san Tito Brandsma y los mártires de Dachau… vencen porque el mal no consigue hacerlos malos, vencen porque mueren perdonando, vencen porque no permitieron que en su corazón entrase el mal y se apoderase de él. Con un lenguaje literario, en cierto modo «laico», Antelme es consciente de esa grandeza moral y, por ello, se dirige con dureza en un hipotético discurso a los SS:

> *Si fuésemos a buscar un SS y le mostrásemos a Jacques, podríamos decirle: «Míralo, lo has convertido en este hombre podrido, amarillento (…). Pues bien, vamos a deciros lo siguiente, algo que debería dejaros tiesos si 'el error' pudiese matar: le habéis permitido convertirse en el más completo de los hombres, en el más seguro de sus poderes, de los recursos de su conciencia y del alcance de sus actos, en el más fuerte (…). Con Jacques no habéis ganado jamás. Queríais que robase, no ha robado (…). Queríais que se riese para caer bien cuando un meister molía a golpes a un compañero, no se ha reído. Queríais sobre todo que pusiese en duda si una causa merecía que se descompusiese de esta manera, no ha dudado. Gozas ante esta ruina que se mantiene en pie ante tus ojos, pero es a ti a quien han estafado (…). No solo la razón está de nuestra parte, sino que somos la razón misma sometida por vosotros a la existencia clandestina. Y por eso podemos inclinarnos menos que nunca ante los triunfos aparentes. Comprended esto bien: vosotros habéis conseguido que la razón se transforme*

---

[82] El significativo lema *Victor in vinculis* («vencedor encadenado») se grabó en el báculo de madera que se elaboró para monseñor Piguet, el obispo francés (también prisionero) que ordenó a Karl Leisner en el *Lager* de Dachau.

en conciencia. Habéis rehecho la unidad del hombre. Habéis fabricado la conciencia irreductible[83].

Más aún (y espero no exagerar llevado por el entusiasmo y por la belleza literaria del texto de Antelme), creo que, en el párrafo anterior, el agnóstico Antelme (por etiquetarlo de algún modo), repite a su modo las sobrecogedoras palabras de Pilato ante la multitud en el Evangelio de Juan: «He aquí al hombre» (Jn 19,5). El cuarto evangelista usaba con maestría una técnica literaria muy común en su Evangelio. Se trata de frases aparentemente sencillas, que forman parte de la narración y del acontecer de los hechos o de los diálogos, o que son meramente indicativas, pero que, leídas de forma solemne (elevadas a otro nivel), proclaman verdades nucleares de la fe. Jesús le dice a la samaritana «Créeme, mujer», lo que puede significar algo muy concreto de la conversación que mantienen, o —proclamado solemnemente— puede ser una invitación a la fe: «¡Cree en mí, mujer!». En el caso de Pilato y Jesús azotado ante la multitud que pide su muerte, la frase puede significar «¿Este es el hombre (Jesús recién azotado, malherido, derrotado) al que acusáis de peligroso y de subversivo?». Pero también puede ser leída solemnemente: «¡Este es el hombre!», este es el modelo de hombre, el hombre

---

[83]   Ib., 91-93. Más adelante (págs. 99-100) afirma: *Cuanto más somos impugnados como hombres por los SS, tanto más tenemos la oportunidad de ser confirmados como tales. El verdadero riesgo que se corre consiste en empezar a odiar por envidia al compañero, en ser traicionado por la concupiscencia, en abandonar a los demás...*

perfecto, vaciado, entregado, donado. En Cristo no solo se revela Dios, sino que se revela el hombre como criatura, como proyecto, como misterio[84]. Pues bien, Robert Antelme intuye esa verdad sublime y —señalando al prisionero moribundo que no ha claudicado ante el mal— le grita al supuesto SS: «¡*Ecce homo*!».

Por ello, nuestro autor intuye algo que era explícito y muy importante en Brandsma y en otros sacerdotes prisioneros, algo que le cuestiona y le emociona: los prisioneros están viviendo un *viernes santo*, pero no están solos, un crucificado (*un hombre, un hermano*) había padecido voluntariamente y había aceptado la tortura de la cruz:

> *Viernes santo. Hacia las siete de la tarde, al volver de la fábrica, algunos compañeros se han reunido, se han sentado en el borde de dos camas contiguas. Algunos de ellos son creyentes, otros no. Pero es Viernes santo. Un hombre había aceptado la tortura y la muerte. Un hermano. Hemos hablado de él.*
>
> *Un compañero había conseguido recuperar, en Buchenwald, una vieja Biblia. Lee un pasaje del Evangelio. La historia de un hombre, nada más que un hombre, la cruz para un hombre, la historia de un solo hombre. Puede hablar y las mujeres que le aman están allí. No va disfrazado, es bello, en cualquier caso, tiene carne fresca sobre los huesos, no tiene*

---

[84] Recuérdese el hermoso texto del número 22 de la Constitución *Gaudium et Spes* del Concilio Vaticano II: *En realidad, el misterio del hombre solo se esclarece en el misterio del Verbo encarnado. Porque Adán, el primer hombre, era figura del que había de venir, es decir, Cristo nuestro Señor. Cristo, el nuevo Adán, en la misma revelación del misterio del Padre y de su amor, manifiesta plenamente el hombre al propio hombre y le descubre la sublimidad de su vocación.*

piojos, puede decir cosas nuevas y si se burlan de él, es porque al menos se sienten tentados a considerarlo como a alguien. Una historia. Una pasión. En la lejanía, una cruz. Débil cruz, muy lejana. Bella historia...[85]

Con un lenguaje no teológico, pero muy intuitivo, Antelme apunta en la misma dirección que los prisioneros creyentes y, en concreto, que muchos de los sacerdotes de Dachau que nos dejaron sus testimonios. Por ejemplo, Kazimierz Majdański, uno de los numerosos seminaristas de la diócesis de Włocławek que fueron arrestados y llevados con varios sacerdotes y con el obispo al *Lager* de Dachau, y posteriormente él mismo obispo auxiliar de dicha diócesis, señala:

> *La gracia del martirio es una gracia excepcional. El Señor prepara durante mucho tiempo al que ha sido llamado a recibirla. Este era precisamente el significado del campo de concentración, además del misterio de las luchas más grandes: el mal contra el bien.*

Y muchos años más tarde, en el marco de una emotiva celebración en Dachau con motivo del 50° aniversario de la invasión de Polonia y, por tanto, del estallido de la II Guerra Mundial, en la que participaron tanto obispos polacos como alemanes, Majdański volvía a insistir en dicha idea:

> *Por tanto, proclamamos, antes que nada, que este lugar es un lugar sagrado. Este fue el lugar de la heroica aniquilación del mal con el bien: del mal abismal, con la inmensidad del*

---

[85]   Ib., 193-194.

bien; de las tremendas manifestaciones de odio con el amor sin límite[86].

El segundo ejemplo es el de Viktor Frankl, psicólogo vienés, creador de la corriente psicológica llamada *logoterapia* y autor de una obra que ha sido traducida y editada en muchas lenguas con gran éxito. En español se titula *El hombre en busca de sentido*, aunque el título original era: *Ein Psycholog erlebt das Konzentrationslager* (publicada por primera vez en 1946). Pues bien, en dicha obra Frankl señalaba ya de principio:

> *Cuando los prisioneros sentían inquietudes religiosas, éstas eran las más sinceras que cabe imaginar y, muy a menudo, el recién llegado quedaba sorprendido y admirado por la profundidad y la fuerza de las creencias religiosas. A este respecto lo más impresionante eran las oraciones o los servicios religiosos improvisados en el rincón de un barracón o en la oscuridad del camión de ganado en que nos llevaban de vuelta al campo desde el lejano lugar de trabajo, cansados, hambrientos y helados bajo nuestras ropas harapientas*[87].

Más adelante y mencionando a Dostoyevski, Frankl utiliza incluso la palabra «mártires» para referirse a aquellos que, hasta en la aparente ausencia total de libertad, supieron mantener de tal modo su dignidad y su libertad interior, como para ofrecer sus vidas, especialmente con los enfermos de tifus:

---

[86]   Traduzco de: K. Majdański *Un vescovo dai lager* (Milano 1990) 118-119, 169-170.

[87]   V. Frankl, *El hombre en busca de sentido* (Barcelona 1993) 43.

Dostoyevski dijo en una ocasión: «Solo temo una cosa: no ser digno de mis sufrimientos» y estas palabras retornaban una y otra vez a mi mente cuando conocí a aquellos mártires cuya conducta en el campo, cuyo sufrimiento y muerte, testimoniaban el hecho de que la libertad íntima nunca se pierde. Puede decirse que fueron dignos de sus sufrimientos y la forma en que los soportaron fue un logro interior genuino. Es esta libertad espiritual, que no se nos puede arrebatar, lo que hace que la vida tenga sentido y propósito (...). El modo en que un hombre acepta su destino y todo el sufrimiento que éste conlleva, la forma en que carga con su cruz, le da muchas oportunidades —incluso bajo las circunstancias más difíciles— para añadir a su vida un sentido más profundo. Puede conservar su valor, su dignidad, su generosidad[88].

Resulta sugerente y conmovedor que personas (escritores, intelectuales) que no estaban dentro del ámbito oficial de lo religioso, ni usaban un lenguaje estrictamente religioso, captaran el misterio tan hermoso y tan profundo de la entrega de la propia vida y, por ello, recurrieran (quizás de forma imprecisa, pero muy hermosa) a términos como «cruz», «pecado», «martirio»…

---

[88]   Ib., 69-70.

X. EL CARMELO DE LA PRECIOSA SANGRE DE DACHAU

Cuando alguien visita hoy el *Lager* de Dachau, descubre que, en uno de los extremos del mismo, se encuentra el «Carmelo de la Sagrada Sangre» (*Karmel Heilig Blut*), un monasterio de carmelitas descalzas que, en este lugar sagrado, oran constantemente por la paz y la reconciliación. Fue erigido en abril de 1963, si bien, por ciertas dificultades en los trabajos de construcción, no fue inaugurado solemnemente hasta noviembre de 1964 por el obispo auxiliar Neuhäusler[89]. La entrada del monasterio es una de las torres de vigilancia. En el folleto de presentación del monasterio se puede leer:

> *Como carmelitas, nuestra vida en este lugar se caracteriza por un ambiente de retiro y de silencio, por una toma de conciencia de la presencia de Dios y, al mismo tiempo, por una apertura a los dramas de ayer y de hoy... Porque «el mundo está en llamas», como decía Teresa de Jesús, también hoy es muy necesario el diálogo con Dios (...). Las ventanas*

---

[89] Cf. J. Neuhäusler, *Karmel «Heilig Blut» (Dachau)* (München 1965).

de nuestras celdas se abren hacia el campo de concentración.
Esta vista, así como el encuentro con los seres humanos que
sufrieron (o que sufren todavía hoy) dan su significación más
profunda a este lugar... por el que también pasaron sacer-
dotes y religiosos. Muchos de ellos, dieron testimonio de su
fe y pertenecen ya al elenco de mártires del siglo XX. Entre
ellos, un carmelita, Tito Brandsma, y un sacerdote diocesano,
Karl Leisner, se han convertido para nosotras en una fuente
de energía para nuestra vida carmelita. Y así, este lugar de
horror y sufrimiento se ha convertido en un lugar para apren-
der a construir la paz y la reconciliación, así como una especie
de santuario al que tantas personas de todo el mundo vienen
en peregrinación...

Josef Wiedemann, el arquitecto que llevó a cabo la obra
del convento (y una de las capillas del campo) insistió en
que quería construir un lugar de oración y recogimiento.
Más aún, el convento tiene forma de cruz, de tal modo que
la calle principal del campo (un lugar muy significativo
en la vida concentracionaria) formaría el eje principal que
culminaría en la capilla y en el sagrario. Las habitaciones
de las monjas vendrían a ser los dos brazos laterales. No
quisiera dejar de citar el siguiente párrafo del arquitecto
que aparece en uno de los folletos explicativos que se encuentran en la capilla de las hermanas:

El Carmelo de Dachau es en todo tan sencillo como el há-
bito de las carmelitas. Todo el conjunto arquitectónico quiere
corresponder a través de su limpia concepción, al anhelo de
silencio, que deja traspasar a la eternidad...

Para los creyentes (no conviene olvidarlo) el monasterio carmelita de Dachau tiene también un intenso sentido

de expiación, de sanación, de reconocimiento de la culpa de una humanidad capaz de generar lugares como Dachau y de vulnerar de forma tan grave la ley de Dios.

A diferencia del monasterio de las carmelitas descalzas de Auschwitz (cuya presencia generó una controversia bastante agria a nivel internacional[90]), el monasterio de Dachau ha sido visto con simpatía y, en términos generales, su presencia es un signo humilde, pero potente, de reconciliación y de encuentro. De hecho, en Auschwitz algunos vieron la presencia del monasterio carmelita (un monumento, un lugar de culto cristiano) como una forma de diluir el holocausto judío o incluso como una ofensa a los cientos de miles de judíos que allí fueron exterminados. No faltaron posturas extremas e interesadas que manipularon la polémica para pretender demostrar, por ejemplo, que el holocausto era una excusa judía para controlar el mundo, o que no había existido (al menos, en las proporciones que se suelen repetir) ningún genocidio. También, en sentido contrario, se utilizó la polémica para señalar que el monasterio era una provocación o una invitación a un nuevo genocidio. Ni que decir tiene que todas ellas eran opiniones interesadas que no se sostienen de ningún modo. Además, no estaba claro que la ubicación del monasterio supusiera realmente una ofensa, puesto que no

---

[90]   Cf. T. Álvarez, *Auschwitz: Un Carmelo frente al campo de exterminio: Monte Carmelo* 95 (1987) 133-138; B. Suchecky - D. Madeleine, *The Carmelite Convent at Auschwitz: The Nature and Scope of a Failure:* Yale French Studies 85 (1994) 160-73.

estaba dentro del recinto del *Lager*, sino fuera del mismo, en un antiguo teatro, si bien, algunos defendían que aquel teatro había sido utilizado como almacén para los botes de Zyklon-B el macabro producto con el que se gaseaba a los contingentes de judíos que llegaban a Birkenau, lo que es negado por otro grupo de historiadores.

El campo de concentración de Dachau actualmente. En primer término, el convento de la Preciosa Sangre, de las carmelitas descalzas

En cualquier caso, varias instituciones judías internacionales escribieron al papa Juan Pablo II pidiéndole que el monasterio fuera cerrado. Para otros, el hecho de cerrar el monasterio suponía ignorar a las víctimas de otras religiones que también (aunque en proporción inmensamente menor) fueron eliminadas en dicho lugar, sobre todo en Auschwitz-1, ya que Auschwitz-2 (Birkenau) fue construido tras la conferencia de Wannsee con la intención exclusiva de eliminar el mayor número de judíos en el menor tiempo posible. Tras la creación de una comisión mixta (judía y cristiana) que estudió la cuestión en detalle, y tras varias reuniones al más alto nivel en la que participaron varios cardenales de prestigio por parte católica, finalmente, en abril de 1993 el papa escribió a las monjas carmelitas pidiéndoles que abandonaran dicho convento e invitándolas a integrarse en el que se estaba construyendo en la misma ciudad (Oświęcim, Auschwitz en la traducción alemana) o volver a sus monasterios de origen.

Volviendo a Dachau, la capilla se sigue utilizando hoy en día y son muchos los grupos que solicitan celebrar allí la eucaristía. Quizás haya toda una pedagogía incluso inconsciente en ello: tras recorrer los lugares del horror (bloques, crematorios, celdas de castigo…), la vida se abre a la fe y a la esperanza, la misma esperanza que intentaron vivir y compartir los sacerdotes mártires de Dachau. En esta capilla se puede comulgar del pan de la vida, el pan que los sacerdotes pasaban clandestinamente escondido en cajas de cerillas o en pequeños envoltorios de papel. En la capilla se encuentra también la célebre «Virgen de Dachau», una imagen que estuvo en la capilla del bloque 26 y ante la que se derramaron tantas lágrimas en aquellos años angustiosos. La imagen llegó al *Lager* en la Pascua de 1943 proveniente del monasterio de los salvatorianos de la ciudad de Breslau. No se sabe muy bien cómo llego a ser aceptada por las autoridades del campo. Al terminar la guerra y destruirse los barracones, fue llevada en procesión a una parroquia cercana, pero al construirse la capilla de las carmelitas fue llevada de vuelta al *Lager*, donde su presencia es muy significativa.

Aunque no se sabe con precisión quién fue el autor, una oración ante la Virgen de Dachau se ha venido repitiendo y publicando desde los primeros momentos tras la liberación. Sobrecogedora entonces, sigue hoy de plena actualidad, quizás porque muestra el sentimiento perenne de devoción a María en los momentos de mayor dificultad:

¡Nuestra querida Señora de Dachau!

Aunque nosotros mismos necesitamos ser consolados, te pedimos: continúa tu peregrinación acompañando y confortando a todos los que necesitan tu ayuda.

Estamos en tiempo de guerra y millones son los que día y noche sufren peligros para sus cuerpos y sus almas.

Muéstrate como Madre y confórtales.

Millones son los que han perdido casa y hogar y vagan sin techo entre extraños. Por el sufrimiento que Tú soportaste en tu exilio de Egipto, sé para ellos refugio y fuerza.

Y por el gran dolor que sufriste al pie de la cruz, conforta a los enfermos y a los heridos, da fuerza a los prisioneros y en la hora de la muerte permanece junto a los que derramarán su sangre y sacrificarán su vida...

Bendice y protege a los obispos en su difícil tarea.

Protege y ayuda de manera especial al Santo Padre, el papa, cuyo corazón debe estar apesadumbrado porque no puede eliminar la inquietud, aliviar el sufrimiento y traer la paz.

Y cuando Tú, querida Señora de Dachau, te acerques a esos lugares donde nuestros padres y familiares, nuestras comunidades parroquiales y nuestros colaboradores pastorales han rezado por nuestro regreso, diles que Tú velas por nosotros en la vida y en la muerte. Nuestra Señora querida de Dachau, muéstrate como Madre allí donde la necesidad es mayor...

✻✻✻

Quisiera terminar esta obra compartiendo un recuerdo personal. He tenido ocasión de visitar el campo de Dachau en muchas ocasiones y por diversos motivos. Lo hice por primera vez en 1992. Era verano y había muchos visitantes y turistas. La verdad (y permítaseme la aparente frivolidad) es que aquello parecía un parque en el que paseaban plácidamente familias con niños y turistas curiosos. Volví a visitar el *Lager* en enero de 1995. Fue una experiencia totalmente diversa. No había visitantes y todo estaba nevado. Estuve consultando los archivos y la biblioteca para encontrar algunas noticias de nuestros carmelitas. Me alojé en la hospedería del convento y disfruté de la fraterna hospitalidad de las carmelitas con las que rezaba las horas canónicas. Por la noche solía salir hasta la reja de la puerta de entrada —en lo que fue la torre de vigilancia— y contemplaba extasiado aquel terreno enorme, totalmente blanco tras las nevadas de diciembre, aquel cielo estrellado y aquel silencio sobrecogedor. Venían a mi mente los dibujos de Mušič, las fotos de la liberación, los gritos de las víctimas, la mirada profunda y compasiva del entonces beato Tito Brandsma. Fue una experiencia espiritual muy profunda, difícil de traducir en palabras. Una experiencia que me hablaba del misterio de la muerte y de la vida, que en el fondo es el mismo y de un Dios que abraza en la cruz con ternura y misericordia a una humanidad sufriente y frágil...[91]

---

[91] Posteriormente, he visitado en otras ocasiones el campo. En agosto de 2018 tuve el honor de descubrir una placa con los nombres de los diez carmelitas (ocho polacos y dos holandeses) que habían pasado por Dachau, acompañado por la priora de las Carmelitas descalzas y por la directora del Museo-Memorial de Dachau, la Doctora Gabriele Hammermann.

APÉNDICE I

LOS NÚMEROS DE DACHAU: GLOBALES Y DE CLÉRIGOS

Los números de las estadísticas de Dachau difieren según las respectivas fuentes. Es posible que una clarificación definitiva al respecto no sea ya factible. De un total de 206.206 prisioneros, 163.538 fueron tratados como prisioneros políticos, entre estos, los clérigos.

Los clérigos prisioneros llegaron a Dachau principalmente desde 1938, procedentes primero de Austria. Luego, desde 1940, llegaron en grandes grupos desde Polonia, Alemania y todos los demás países invadidos.

En total, 2.796 clérigos sufrieron prisión en el campo de concentración de Dachau, de los cuales 2.652 eran sacerdotes y religiosos católicos. El grupo mayor de estos eran polacos: unos 1.807.

De los sacerdotes y religiosos católicos internados en Dachau murieron alrededor de 1.800, de los cuales 1.106 eran polacos.

El 93 % de los clérigos internados en Dachau eran católicos, aunque la población católica del Reich solo llegaba al 30 % del total. De los clérigos internados en Dachau el 3,8 % eran protestantes. El resto eran pequeños grupos pertenecientes a otras confesiones.

De los sacerdotes y religiosos que fueron asesinados en Dachau, 1 ha sido canonizado y 57 han sido beatificados.

Tomado de: Wikipedia: *Märtyrer von Dachau*, 5 de septiembre de 2024.

APÉNDICE II

MÁRTIRES DE DACHAU BEATIFICADOS Y CANONIZADOS[92]

San Tito Brandsma O. Carm, holandés: beatificado el 3-XI-1985, en Roma, por san Juan Pablo II; canonizado el 15-V-2022, en Roma, por Francisco.

Beato Miguel Kozal, obispo auxiliar de Wloclawek (Polonia): beatificado el 14-VI-1987, en Varsovia, por san Juan Pablo II.

Beato Carlos Leisner, sacerdote de la archidiócesis de Munich, ordenado en el campo de concentración de Dachau: beatificado el 23-VI-1996, en Berlín, por san Juan Pablo II.

---

[92] Existe una página web dedicada exclusivamente a los beatos y santos que murieron en Dachau (o al menos que pasaron allí algún tiempo): https://www.seligekzdachau.de/ La página recoge también los nombres de los que están en proceso de beatificación, así como «mártires» de otras confesiones cristianas. Es bastante completa, aunque no incluye los últimos datos de los procesos.

Beato Otto Neururer[93], párroco de la diócesis de Brixen / Besansone (Austria): beatificado el 24-XI-1996, en Roma, por san Juan Pablo II.

Beato Esteban Vicente Frelichowski, sacerdote de la diócesis de Torún (Polonia), patrono de los scouts polacos: beatificado el 7-VI-1999, en Torún, por san Juan Pablo II.

Beatificados el 13 de junio de 1999, en Varsovia, por san Juan Pablo II[94]:

Beato Hilario Januszewski, O. Carm
Beato Jacobo Pankiewicz, OFM
Beato Maximiliano Binkievicz, sacerdote de Chestochowa
Beato Luis Gietyngier, sacerdote de Chestochowa
Beato Juan Nepomuceno Chrzan, sacerdote de Gniezno
Beato Francisco Dachtera, sacerdote de Gniezno
Beato Estanislao Kubski, sacerdote de Gniezno
Beato Ladislao Maczkowski, sacerdote de Gniezno
Beato Alex Sobaszek, sacerdote de Gniezno
Beato Antonio Swiadek, sacerdote de Gniezno
Beato José Czempiel, sacerdote de Katowice
Beato Emilio Szramek, sacerdote de Katowice

---

[93]   Pasó por Dachau, pero falleció en el *Lager* de Buchenwald.

[94]   Las fotografías y semblanzas de estos y de todos los 108 mártires beatificados por san Juan Pablo II en Varsovia, en 1999, se pueden ver en: Tomasz Kaczmarek / Flavio Peloso, *Luce nelle tenebre. I 108 Martiri della Chiesa in Polonia*, Varsovia 1999. Hay traducción inglesa: *Lights in the Darkness 1939-1945*, Marki / Varsovia 1999.

Beato José Pawlowski, sacerdote de Kielce

Beato Estanislao Mysakowski, sacerdote de Lublin

Beato Antonio Zawistowski, sacerdote de Lublin

Beato Adán Bragielski, sacerdote de Lomza

Beato Mariano Konopinski, sacerdote de Poznan

Beato José Kut, sacerdote de Poznan

Beato Narciso Putz, sacerdote de Poznan

Beato Casimiro Grelewski, sacerdote de Radom

Beato Esteban Grelewski, sacerdote de Radom

Beato Francisco Roslaniec, sacerdote de Radom

Beato Antonio Rewera, sacerdote de Sandomierz

Beato Eduardo Detkens, sacerdote de Varsovia

Beato Miguel Obziebloski, sacerdote de Varsovia

Beato Miguel Wozniak, sacerdote de Varsovia

Beato Tadeo Dulny, sacerdote de Wloclawek

Beato Eduardo Grzymala, sacerdote de Wloclawek

Beato Domingo Jedrzejewski, sacerdote de Wloclawek

Beato Bronislao Kostrowski, sacerdote de Wloclawek

Beato José Straszewski, sacerdote de Wloclawek

Beato Estanislao Starowieyski, laico de Zamosk

Beato Ladislao Miegon, capellán militar

Beato Cristiano Gondek, OFM

Beato Marciano Oprzadek, OFM

Beato Anastasio Pankiewicz, OFM

Beato Narciso Turchan, OFM

Beato Bruno Zembol, OFM

Beato Fidel Chojnacki, OFM Cap

Beato Enrique Krzysztofik, OFM Cap

Beato Floriano Stepinac, OFM Cap

Beato Francisco Drzewiscki, Orionista

Beato José Zaplata, Hermanos del Sagrado Corazón

Beato Luis Liguda, Misioneros del Verbo Divino

Beato Gerardo Hirschfelder, sacerdote de Breslavia, del movimiento de Schönstadt: beatificado el 19-IX-2010, en Münster, por Benedicto XVI, [Card. Meisner].

Beato Jorge Haefner, párroco, de la diócesis de Würzburgo: beatificado el 15-V-2011, en Würzburgo, por Benedicto XVI [Card. Angelo Amato].

Beato Luis Andritzki, vicario parroquial de la diócesis de Dresde: beatificado el 13-VI-2011, en Dresde, por Benedicto XVI [Card. Angelo Amato].

Beato Carlos Lampert[95], provicario general de la dióceisis de Voralberg (Austria): beatificado el 13-XI-2011, en Dornbirn, por Benedicto XVI [Card. Angelo Amato].

Beato José Girotti, OP: beatificado el 26-IV-2014, en Alba (Italia), por Francisco [Card. Severino Poletto].

Beato Engelmar Unzeitig, Misioneros de Marianhill: beatificado el 24-IX-2016, en Würzburg (Alemania), por Francisco [Card. Angelo Amato].

Beato Ricardo Henkes, padre palotino: beatificado el 15-IX-2019, en Limburgo (Alemania), por Francisco [Card. Kurt Koch].

---

[95]   Pasó por Dachau, pero falleció en Halle an der Saale.

Beato Luis Andritzki

Beato Engelmar Unzeitig

Beato Otto Neururer

Beato Jorge Häfner

Beato Carlos Lampert

Beato Ricardo Henkens

Beato José Giorotti, OP

Beato Ladislao Mackowiski

Mural de los Mártires de Polonia de Nuestra
Señora de Lichen, pintado por Stanislaw Baj

BIBLIOGRAFÍA

SOBRE LA PERSECUCIÓN NACIONALSOCIALISTA

The Persecution of the Catholic Church in the Third Reich. Facts and Documents (Londres 1940).

Mata, Santiago, *Mártires cristianos bajo el nazismo. La persecución de Hitler y la resistencia de los cristianos* (Madrid 2022).

Mikrut, Jan (Ed.), *Perseguitati per la fede. Le vittime del Nazionalsozialismo in Europa centro-orientale* (Verona 2019).

Riccardi, Andrea, «El nuevo orden y los cristianos. La Europa de Hitler», en: Id., *El siglo de los mártires. Los cristianos en el siglo XX* (Madrid 2019), 89-176.

SOBRE EL CAMPO DE DACHAU

Berben, Paul, *Dachau. Historia oficial del campo de concentración nazi: 1933-1945* (Madrid 1977).

Bernard, Jean, *Un sacerdote en Dachau. Memorias en primera persona (1941-1942)* (Madrid 2010).

Montanar, Ilaria, «Il campo di concentramento di Dachau nei ricordi di don Franc Hrastelj», en: Mikrut, Jan (Ed.), *Perseguitati per la fede,* 453-478.

Neuhäusler, Johannes, *Cosa avennne a Dachau?* (Dachau 2005).

Urbański, Albertus Zenon / Tijhuis, Rafael, *Diarios de Dachau.* Editados por Fernando Millán Romeral (Madrid 2022).

SOBRE Y DE SAN TITO BRANDSMA

Millán Romeral, Fernando, *Tito Brandsma* (Madrid ³2018).

— «El Padre Tito Brandsma... la santidad de la humanidad», en: Fonte 3 (2006) 77-100.

— «El magisterio de Teresa en el lager: Tito Brandsma», en: Sancho Fermin, Fco. Javier (Ed.), *Santidad, misión y experiencia de Dios* (Burgos 2023), 289-327.

Brandsma, Tito, *Bellezza del Carmelo* (Roma 1994).

—*Escritos ante el nacionalsocialismo,* Editados por Fernando Millán Romeral, (Madrid 2023).

SOBRE OTROS SACERDOTES DE DACHAU

Bober, Sabina, «I sacerdoti polacchi nei campi di concentramento», en: Mikrut, Jan (Ed.), *Perseguitati per la fede*, 542-556.

Brizi, Giovanna, «I sacerdoti del campo di concentramento di Dachau», en: Mikrut, Jan (Ed.), *Perseguitati per la fede.*, 262-289.

— «Padre Richard Henkes. Dal pulpito al lager di Dachau», en: Mikrut, Jan (Ed.), *Perseguitati per la fede*, 307-336.

— «Un modello per la giuvetù europea. Karl Leisner», en: Mikrut, Jan (Ed.), *Perseguitati per la fede*, 337-364.

Clementi, Saverio, *Un prete nell'inferno di Dachau: Don Mauro Bonzi* (Cinisello Balsamo 2018).

Jonová, Jitka, «I sacerdoti imprigionati nel campo di concentrazione di Dachau. Testimonianza di Bedrich Hoffmann», en: mikrut, Jan (Ed.), *Perseguitati per la fede*, 249-259.

Kaczmarek, Tomasz / Peloso, Flavio, *Luce nelle tenebre. I 108 Martiri della Chiesa in Polonia* (Varsovia 1999). Traducción inglesa: *Lights in the Darkness 1939-1945* (Marki / Varsovia 1999).

Kammerer, Jean, *Memoire en liberté. La baraque des prêtes à Dachau* (Paris 1995).

Korszynski, Franciszek, *Un vescovo polacco a Dachau* (Brescia 1963).

Lapomarda, Vincent. A., *The Jesuits and the Holocaust*, en: Journal of Church and State 23/2 (1981) 241-258.

López Teulón, Jorge, *Los mártires de Hitler. Victor in vinculis* (Toledo 1995).

Majdański, Kazimierz, *Un obispo en los campos de exterminio. Historia de una fidelidad* (Madrid 1991).

Montanar, Ilaria, «I sacerdoti sloveni internati nel campo di concentramento di Dachau», en: Mikrut, Jan (Ed.), *Perseguitati per la fede*, 415-452.

Spinato, Nicola, «Otto Neururer 1882-1940). Un sacerdote esemplare e martire», en: Mikrut, Jan (Ed.), *Perseguitati per la fede*, 147-186.

Zeller, Guillaume, *La baraque des prêtes. Dachau, 1938-1945* (Paris 2015).

PÁGINA WEB

www.seligekzdachau.de

Colección
MÁRTIRES DEL SIGLO XX

Dirigida por Juan A. Martínez Camino

La Colección *Mártires del siglo XX* está compuesta por libros asequibles para divulgar una realidad poco conocida, pero de las más luminosas de la Iglesia y de la Humanidad: los mártires de todas las confesiones cristianas que florecieron en nuestros tiempos como nunca antes. La serie *Maior* ofrece una visión histórica y teológica de conjunto. Cada uno de los pequeños volúmenes que conformarán la *Minor* destaca la figura de algún santo o beato, con sus rasgos personales más característicos, y nos asoma, a la vez, al contexto en el que tuvo lugar el martirio de otros muchos compañeros, en lugares tan diversos como Armenia, Rusia, México, España, Alemania, Polonia, Croacia, Albania o Vietnam.

El cristianismo del siglo XXI comienza también bajo el signo del martirio. En todo caso, los mártires del siglo XX son el suelo nutricio de la evangelización del nuevo siglo y milenio. Su testimonio concreto, hecho de ejemplo e intercesión, es el mejor generador de nuevos y auténticos cristianos, de nuevos santos. Los santos son presencia viva de la alegría que el Espíritu Santo suscita en las almas. Esa alegría, más fuerte que las pruebas y la muerte, que arrastra, que atrae a la Vida verdadera: hacia la Iglesia y hacia Dios.